MW00618887

365 Días de
HISTORIAS
BÍBLICAS
para niños

365 Días de Historias Bíblicas para Niños

Publicado por Scandinavia Publishing House 2012
Drejervej 15, 3 DK-2400 Copenhagen NV, Dinamarca
E-mail: info@scanpublishing.dk
Web: www.scanpublishing.dk

Texto original en inglés © Joy Melissa Jensen
y Scandinavia Publishing House, 2011.
Texto en español © Scandinavia Publishing House, 2012
Texto bíblico tomado de la Traducción en lenguaje actual ®
© Sociedades Bíblicas Unidas, 2002, 2004.
Ilustraciones © Gustavo Mazali
Diseño: Ben Alex

Impreso en China
ISBN 9788771320435
Todos los derechos reservados

365 Días de

HISTORIAS
BÍBLICAS

para niños

SCANDINAVIA

Contenido

El Antiguo Testamento

LA CREACIÓN 6-7
ADÁN Y EVA 8-11
CAÍN Y ABEL 12-13
NOÉ 14-17
LA TORRE DE BABEL 18-19
ABRAHAM 20-29
ISAAC 30-31
JACOB 32-47
JOSÉ 48-73
MOISÉS 74-111
JOSUÉ 112-129
JUECES 130-135
DÉBORA 136-139
GEDEÓN 140-153
SANSÓN 154-163
RUT 164-169
ANA 170-171
SAMUEL 172-179
SAÚL 180-185
DAVID 186-210
SALOMÓN 211-215
ELÍAS 216-221
ELISEO 222-223
JONÁS 224-229
DANIEL 230-241
ESTER 242-252

El Nuevo Testamento

EL NACIMIENTO DE JESÚS 254-261
LA NIÑEZ DE JESÚS 262-263
JUAN EL BAUTISTA 264-265
EL MINISTERIO DE JESÚS 266-283
LA ENSEÑANZA DE JESÚS 284-322
LOS MILAGROS Y
MARAVILLAS DE JESÚS 323-357
LOS ÚLTIMOS DÍAS DE JESÚS 358-395
LA RESURRECCIÓN DE JESÚS 396-407
LA PRIMERA IGLESIA 408-419
EL MINISTERIO DE
SIMÓN PEDRO 420-425
EL MINISTERIO DE PABLO 426-445

El Antiguo Testamento

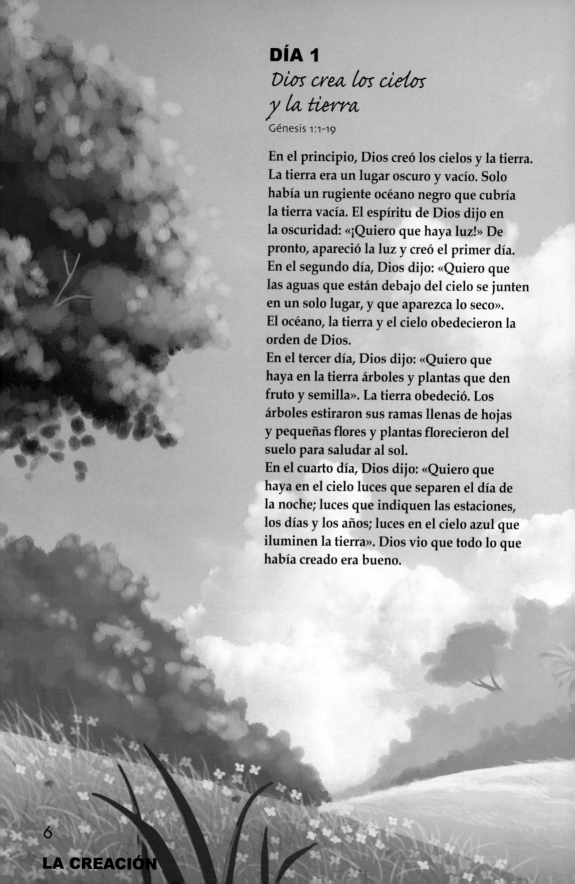

DÍA 1

Dios crea los cielos y la tierra

Génesis 1:1-19

En el principio, Dios creó los cielos y la tierra. La tierra era un lugar oscuro y vacío. Solo había un rugiente océano negro que cubría la tierra vacía. El espíritu de Dios dijo en la oscuridad: «¡Quiero que haya luz!» De pronto, apareció la luz y creó el primer día. En el segundo día, Dios dijo: «Quiero que las aguas que están debajo del cielo se junten en un solo lugar, y que aparezca lo seco». El océano, la tierra y el cielo obedecieron la orden de Dios.

En el tercer día, Dios dijo: «Quiero que haya en la tierra árboles y plantas que den fruto y semilla». La tierra obedeció. Los árboles estiraron sus ramas llenas de hojas y pequeñas flores y plantas florecieron del suelo para saludar al sol.

En el cuarto día, Dios dijo: «Quiero que haya en el cielo luces que separen el día de la noche; luces que indiquen las estaciones, los días y los años; luces en el cielo azul que iluminen la tierra». Dios vio que todo lo que había creado era bueno.

DÍA 2
Dios crea los peces, los pájaros y los animales
Génesis 1:20-23, 24-25

En el quinto día, Dios dijo: «Quiero que los mares se llenen con seres vivos». En ese instante, los mares se llenaron de vida. Grandes ballenas asomaron sus enormes cabezas. Los delfines saltaban y salpicaban a la luz del sol y pequeños cangrejos correteaban por el fondo del mar.

Dios vio que todo esto era bueno y dijo: «Quiero que las aves vuelen sobre la tierra y crucen el cielo azul». Las gaviotas comenzaron a flotar sobre la brisa junto con mariposas y otros ruidosos insectos. Dios los creó a todos, pequeños y grandes, y a cada uno lo bendijo.

Dios estaba contento con las criaturas de la tierra y de los cielos. «Quiero que haya en la tierra toda clase de seres vivos». Y así sucedió. Los elefantes pregonaban fuertemente, las jirafas estiraban sus alargados cuellos manchados hacia los árboles, y los puercoespines rodaban por el suelo con sus cuerpos cubiertos de púas. La tierra era el hogar de animales de distintos tamaños y clases, salvajes y domésticos. A Dios le gustaba verlos jugar entre sí. Estaba muy contento y bendijo a cada uno de ellos.

7

LA CREACIÓN

DÍA 3
Adán y Eva
Génesis 1:26-27; 2:7; 2:18-23

En el sexto día, Dios observó todos los animales de la tierra, del cielo y del mar. Aun así Dios se sentía solo. Faltaba algo. Así que Dios dijo, «Hagamos ahora al ser humano tal y como somos nosotros». Luego Dios tomó un poco de polvo y con eso formó a Adán. Dios amaba a Adán. Incluso permitió que Adán le pusiera nombre a cada animal. Pero Dios dijo: «No está bien que el hombre esté solo». Así que Dios tomó una costilla de Adán mientras él dormía y de ella creó a la primera mujer. Se llamaba Eva. Era la compañera perfecta para Adán y Adán la amaba.

Dios bendijo a Adán y a Eva. Les dijo: «Quiero que se reproduzcan, quiero que se multipliquen, quiero que llenen la tierra y la pongan bajo su dominio. Que dominen a los peces del mar y a las aves del cielo, y a todos los seres vivos que se arrastran por el suelo».

Dios estaba cansado de tanto trabajar y por eso creó el séptimo día como un día especial de descanso.

DÍA 4
El jardín de Edén
Génesis 2:8-10; 2:15-17

Dios puso a Adán y Eva en un jardín llamado Edén. El jardín de Edén era un exuberante y colorido paraíso. Frutas grandes y maduras crecían en los árboles, aparecían flores y las cascadas golpeaban alegremente con agua fresca y cristalina. En el medio del Jardín, Dios plantó un árbol llamado árbol del conocimiento del bien y del mal.

El fruto de este árbol daba el poder de conocer la diferencia entre lo bueno y lo malo. Dios les dijo a Adán y a Eva que podían comer de cualquier árbol del jardín, excepto del fruto del árbol del conocimiento del bien y del mal.

—Si comen de ese árbol —les advirtió Dios —ya no podrán vivir en el jardín.

ADÁN Y EVA

DÍA 5

Adán y Eva no obedecen a Dios

Génesis 3:1-7

Un día la serpiente se acercó hasta donde estaba Eva mientras ella caminaba en el jardín.

Y le dijo: —Eva, ¿por qué no comes de ese fruto jugoso del árbol del conocimiento del bien y del mal?

Eva recordó lo que Dios había dicho.

—Dios nos dijo que no debemos comer el fruto de ese árbol —respondió Eva.

A esto, la serpiente respondió:

—Eso es porque Dios bien sabe que, cuando ustedes coman del fruto de ese árbol, serán iguales a Dios y podrán conocer el bien y el mal.

La serpiente hizo que Eva tuviese curiosidad.

—¿Qué daño me puede hacer un bocado? —dijo Eva para sí. Así que mordió y probó el fruto. Luego Eva le dio a Adán, quien también comió. Por primera vez, Eva y Adán se dieron cuenta de que estaban desnudos. Sintieron vergüenza y se cubrieron rápidamente con las hojas de higuera más grandes que encontraron.

DÍA 6

Fuera del jardín de Edén

Génesis 3:8-23

Esa tarde, Adán y Eva oyeron que Dios caminaba por el jardín. Tuvieron miedo porque sabían que habían desobedecido. Se escondieron detrás de los árboles y las plantas para que Dios no se diera cuenta de lo que habían hecho. Pero Dios sabe todas las cosas.

Dios llamó a Adán:

—¿Por qué me desobedeciste y comiste del fruto del árbol que te prohibí comer?

Adán respondió:

—Eva me dio del fruto del árbol. Fue por culpa de ella.

Y Eva dijo:

—La serpiente me tendió una trampa. Por eso comí del fruto. Fue por culpa de ella.

Dios amaba mucho a Adán y a Eva. Estaba muy decepcionado de que le hubieran hecho caso a la serpiente y no a él. Dios les dio unas pieles de animales para que pudieran cubrirse del frío. Luego los echó fuera del Jardín de Edén. Tuvieron que vivir en una tierra árida y trabajar duro para tener comida.

ADÁN Y EVA

DÍA 7
Caín y Abel

Génesis 4:1-16

Adán y Eva tuvieron dos hijos. El mayor se llamaba Caín. Él cultivaba la tierra. El menor, Abel, era pastor de ovejas.
Un día, cuando los hermanos eran aún jovencitos, presentaron ofrendas a Dios

para demostrarle cuánto lo amaban.
Caín guardó parte de su cosecha de
granos y se la ofreció a Dios. Abel mató
una de las primeras crías de sus ovejas.
Carneó el cordero, cortó las mejores
partes y se las ofreció a Dios. A Dios le
agradó. Aceptó la ofrenda de Abel, pero
no aceptó la de Caín.

Caín estaba muy celoso de Abel.
Dios le preguntó:

—¿Por qué estás tan triste y enojado? Si
haces lo correcto, siempre te aceptaré con
agrado.

Pero Caín no estaba escuchando. Estaba
muy ocupado pensando qué podía hacer
para vengarse de su hermano.

Pocos días después, Caín le dijo a su
hermano Abel:

—Te invito a caminar.

Abel siguió a su hermano hasta el campo,
más allá de las colinas. Cuando Caín
estaba seguro de que estaban solos, tomó
una roca y golpeó a Abel en la cabeza.

Más tarde, Dios le preguntó a Caín:

—¿Dónde está tu hermano?

Y Caín le respondió:

—No lo sé. ¡No tengo por qué cuidarlo!

Pero Caín no podía engañar a Dios.

—¿Por qué has matado a tu hermano?
—le preguntó Dios–. Por haber matado
a tu hermano, andarás por la tierra como
un vagabundo, que no tiene donde vivir.

Así que Caín tuvo que dejar a su familia.
Anduvo como vagabundo de lugar en
lugar, sin pertenecer a ningún lado.

13

DÍA 8
Noé construye una casa flotante
Génesis 6:5-22; 7:1-3

El mundo que Dios hizo se llenó rápidamente con más y más gente. Dios vio todas las cosas malas que hacían. Engañaban, robaban y mentían. Dios estaba decepcionado de su comportamiento. Lamentó haberlos creado. Así que decidió comenzar de nuevo.

Dios planeó una gran inundación. Iba a hacer que lloviera hasta que se tapara la tierra y la gente se ahogara. Pero había un hombre del que Dios estaba contento. Este hombre era bueno y honrado. Su nombre era Noé. Dios le contó a Noé su plan para inundar la tierra. «He visto que tú eres el único hombre bueno —le dijo Dios–. Por eso, salvaré a tu familia de la inundación».

Luego Dios le dijo a Noé que juntara la madera más gruesa y fuerte que pudiera encontrar. Quería que Noé construyera una casa flotante llamada barca.

Dios dijo:

—Hazla lo suficientemente grande para que entre toda tu familia y un macho y una hembra de cada animal de la tierra.

Noé hizo lo que Dios le pidió. Trabajaba de día y de noche martillando tablas de madera para construir la barca más grande que el mundo jamás haya visto.

DÍA 9
La gran inundación
Génesis 7:5-16

Siete días después, la barca estaba terminada. Noé se aseguró de que hubiera un lugar especial para cada clase de animal. Llenó la barca de comida y provisiones. Luego comenzó a llover, primero como un repiqueteo y luego como un torrente. La tierra seca se cubrió de agua. Noé sabía que había llegado la hora de la gran inundación de Dios. Noé entró en la casa flotante con su esposa e hijos. Los animales entraron marchando. De dos en dos, los animales entraron en sus establos. Todos estaban contentos de estar a salvo en la barca de Noé. Noé se aseguró que su familia estuviese abordo. Luego contó los animales. ¡Ya estaban listos! La inundación incrementaba y Dios cerró la puerta de la barca.

DÍA 11
La promesa del arcoíris
Génesis 9:1-16

Dios bendijo a Noé y a sus hijos y les dijo:

—Quiero que tengan muchos hijos, y que sus descendientes llenen la tierra. Los salvé de la inundación porque fueron fieles y obedecieron mis mandamientos. Ahora mismo les hago una promesa a ustedes y a sus descendientes. Nunca más volveré a destruir la tierra con una inundación tan terrible.

En ese instante, el sol apareció entre las nubes. Un hermoso arcoíris lleno de colores brilló en el cielo.

Dios dijo:

—Como prueba de esta promesa, pongo mi arcoíris. Cada vez que vean un arcoíris, recuerden que estoy con ustedes. Nunca más estarán solos.

17

NOÉ

DÍA 12
La torre de Babel

Génesis 10:32; 11:4-9

Los hijos de Noé, Sem, Cam y Jafet, tuvieron hijos. Y sus hijos también tuvieron hijos. Muy pronto la tierra estaba poblada otra vez. Algunas personas se ubicaron en una región llamada Babel. La gente de Babel decidió construir una torre tan alta que llegaría hasta el cielo.

Pero cuando Dios vio la torre alta, no estaba contento. Vio que las personas de Babel ya no eran servidores humildes. Por el contrario, eran orgullosos, ya que creían que con una torre alta podrían alcanzar a Dios. Dios castigó a la gente dándole a cada una un idioma diferente. ¡Ya nadie entendía a nadie porque todos los idiomas creaban un confuso sonido! No podrían terminar de construir la torre. Estaban muy ocupados discutiendo en sus propios idiomas.

18

DÍA 13
Dios llama a Abram

Génesis 12:1-9; 15: 1-7

Abram era una persona muy especial para Dios. Vivía en la ciudad de Harán. Un día Dios le dijo a Abram:
—Deja a tu pueblo y vete al lugar que te voy a mostrar.
Abram confió en Dios de todo corazón. Cargó sus camellos con todas sus pertenencias y salió de su hogar con su esposa Sara, su sobrino Lot y todos sus sirvientes. Viajaron por el desierto con Dios como única guía.
Cuando Abram y su familia llegaron a la región de Canaán, Dios les dijo:
—Toda esta región se la daré a tus descendientes. Te bendeciré a ti y a tu familia y a los que te bendigan, y maldeciré a los que te maldigan. ¡Gracias a ti, bendeciré a todas las naciones del mundo!

Abram estaba muy agradecido y por eso hizo un altar en el desierto para adorar a Dios. Luego Abram y el resto del grupo siguieron su camino. Finalmente, llegaron a un lugar que les agradaba y armaron sus tiendas de campaña para instalarse allí.

DÍA 14
La promesa de Dios

Génesis 15:1-6; 17:4-5

Abram estaba envejeciendo. Dios le había dado muchas cosas, una buena esposa, tierras y animales. Pero había algo que

20

ABRAHAM

Abram quería que Dios no le había dado.
Abram quería tener un hijo con su
esposa Sara. Habían tratado de tenerlo,
pero Dios no los había bendecido con
un hijo.

Ahora tenían canas y arrugas. Habían
abandonado la esperanza de ser padres.
Una noche, Dios le dijo a Abram:

—De ti nacerán muchas naciones.
Por eso ya no vas a llamarte Abram,
sino Abraham, porque serás el padre
de muchas naciones, y muchos de
tus descendientes serán reyes. Voy a
hacer que tus descendientes sean tan
numerosos como las estrellas del cielo.

Abraham dijo:

—Dios, confío en ti. Ya me diste todo lo
que puedo pedir. Pero, ¿cómo voy a ser
el padre de muchas naciones si no tengo
hijos?

Dios le respondió:

—Sara va a darte un hijo. Y todo lo que
tienes será suyo.

Abraham casi no lo podía creer. Pero
tenía fe. Se arrodilló y le agradeció a
Dios.

ABRAHAM

DÍA 15

Los tres viajeros

Génesis 18:1-15

Una cálida tarde de verano, Abraham
estaba sentado a la entrada de su tienda.
De pronto, levantó la vista y vio a tres
hombres cerca de donde él estaba.
Enseguida corrió a su encuentro, y se
inclinó ante ellos en señal de respeto, y
les dijo:

—Señores, estoy para servirles. Voy a
ordenar que traigan un poco de agua,
para que se laven los pies y puedan
descansar bajo este árbol.

Luego Abraham entró corriendo a la
tienda donde estaba Sara, y le dijo:

—¡Date prisa! Ponte a hacer pan.

Sara se puso a cocinar mientras que
Abraham fue al corral en busca de uno
de sus mejores terneros para servirlo
con mantequilla y leche. Los hombres se
reunieron bajo un árbol para conversar
mientras compartían algo de beber. Sara
oía detrás de la puerta de la tienda de
campaña. Uno de los hombres dijo:

—El año que viene tu esposa ya será
madre de un hijo.

Cuando Sara oyó esto, se rio.

—¿De qué se ríe Sara? —le preguntó Dios
a Abraham—. ¿Acaso no cree que puede
ser madre, a pesar de su edad? ¿Hay algo
que yo no pueda hacer? El año que viene,
por estos días, volveré a visitarte, y para
entonces Sara ya será madre.

DÍA 16
Gente buena en una ciudad perversa
Génesis 18:20-26

Los visitantes se levantaron para seguir su camino. Abraham los acompañó por un rato para despedirlos. Dios le dijo a Abraham:

«Ya son muchas las quejas que hay en contra de Sodoma y Gomorra. Ya es mucho lo que han pecado. Iré allá y veré con mis propios ojos si es verdad todo lo que me han dicho».

Abraham pensó por un momento. Luego, acercándose a Dios, le dijo:

—No me digas que vas a matar a los buenos junto con los malos. Si en la ciudad se encuentran cincuenta personas buenas, ¿no perdonarías, por esas cincuenta personas, a todos los que allí viven?

Y Dios le contestó:

—Si encuentro cincuenta personas buenas, por ellas perdonaré a toda la ciudad.

Pero Abraham volvió a decir:

—¿Y qué tal si solo encuentras cuarenta?

Dios le aseguró:

—Por esos cuarenta, no destruiré la ciudad.

Abraham pensó por un momento, e insistió:

—¿Si solo se encuentran veinte?

Dios respondió:

—Hasta por esos veinte, no destruiré la ciudad.

De nuevo dijo Abraham:

—¿Y qué tal si solo se encuentran diez?

Y Dios le aseguró:

—Por esos diez, no destruiré la ciudad.

Luego de hablar con Abraham, Dios se fue de allí rumbo a Sodoma y Gomorra. Abraham, por su parte, regresó a su tienda de campaña donde Sara lo esperaba.

DÍA 17
Dios salva a Lot y a su familia
Génesis 19:1-29

Lot, el sobrino de Abraham, vivía en la ciudad de Sodoma. Dos ángeles se acercaron para advertirle de los planes de Dios para destruir la ciudad. Lot los invitó a que pasaran la noche en su hogar. Los ángeles le dijeron:

«Si tienes en la ciudad otros familiares, sácalos de aquí porque vamos a destruir este lugar. Son tantas las quejas que hay contra la gente de esta ciudad, que Dios nos ha enviado a destruirla».

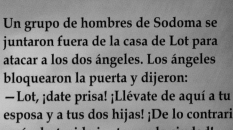

Un grupo de hombres de Sodoma se juntaron fuera de la casa de Lot para atacar a los dos ángeles. Los ángeles bloquearon la puerta y dijeron:
—Lot, ¡date prisa! ¡Llévate de aquí a tu esposa y a tus dos hijas! ¡De lo contrario, serás destruido junto con la ciudad! Rápido, antes de que toda la ciudad se convierta en cenizas.

Lot juntó a su familia para protegerlos de las cenizas. Salieron a toda prisa, se tropezaron con unas rocas y lograron escaparse de la ciudad en llamas. Dios no se había olvidado de su promesa a Abraham. Salvó a Lot y a su familia.

ABRAHAM

DÍA 18
Nacimiento de Isaac
Génesis 21:1-7

Dios mantuvo la promesa que les había hecho a Abraham y a Sara. Les dio un varón bien sanito. Lo nombraron Isaac. Isaac era un hermoso bebé. Abraham estaba muy orgulloso. Sara miró a su esposo y le dijo:

—¿Quién hubiera dicho que tendríamos un hijo a esta edad? Nunca más me reiré de las promesas de Dios. Ahora sé que es tonto dudar de Dios.

Isaac era un buen bebé y sus papás lo querían mucho.

A medida que crecía Isaac, Sara y Abraham pasaban mucho tiempo con él. Sara salía a caminar con el pequeño. Le mostraba los animales y las plantas y le enseñaba sus nombres. Abraham y Sara sabían que Isaac iba a ser un gran siervo de Dios.

DÍA 19
Abraham obedece a Dios
Génesis 22:6-18

Después de muchos años, Dios decidió poner a prueba la confianza y obediencia de Abraham.

Dios le dijo a Abraham:

«Quiero que me ofrezcas como sacrificio a Isaac, tu único hijo, a quien tanto amas. Llévalo a la región de Moria, al cerro que te voy a enseñar».

El corazón de Abraham se llenó de tristeza al oír las palabras de Dios. Isaac era el único hijo que había tenido, él lo había cuidado, había jugado con él y le había enseñado muchas cosas. Ahora Dios le pedía que sacrificara a su único hijo. Pero Abraham estaba lleno de fe y amor por Dios. Él sabía que su única opción era obedecerle.

A la mañana siguiente Abraham madrugó, y cortó leña suficiente para el altar. Ató la leña en paquetes. Luego le dijo a Isaac que lo acompañara a la montaña.

Abraham e Isaac estaban sin aliento para cuando alcanzaron la cima. Abraham tomó la leña y construyó un altar donde Dios le había dicho que debía sacrificar a Isaac.

Entonces Isaac dijo:

«Padre mío, tenemos fuego y leña, pero ¿dónde está el cordero que vamos a ofrecerle a Dios?».

Abraham le respondió:

«Ya Dios se encargará de darnos el cordero, hijo mío».

Abraham sabía que Dios quería que Isaac fuera el sacrificio, pero no sabía cómo decírselo a su hijo.

Abraham ató a Isaac. Pero justo cuando estaba por matarlo, se oyó la voz de Dios decir:

—No le hagas daño al niño. Estoy convencido de que me obedeces, pues no te negaste a ofrecerme en sacrificio a tu único hijo. Por no haberme negado a tu único hijo, yo prometo bendecirte. Bendeciré a tu familia por siempre.

Abraham suspiró de alivio. Sacrificó un carnero en lugar de Isaac. Después, Abraham e Isaac volvieron a su casa con corazones contentos y agradecidos a Dios.

DÍA 20
Una esposa para Isaac
Génesis 24:1-27

Pasaron muchos años y Sara murió. Abraham sabía que pronto él se iría al cielo también. Antes de morir, quería encontrarle una buena esposa a su hijo Isaac. Abraham mandó llamar a su mayordomo y le dijo:

«Ve a mi tierra y busca entre mis familiares una esposa para él».

Cuando el mayordomo llegó a la otra ciudad, estaba cansado de su largo y agotador viaje. Hizo que sus camellos descansaran cerca de un pozo de agua. Había una mujer llamada Rebeca que estaba allí llenando su cántaro. El mayordomo le pidió que le diera de beber.

—Beba usted —dijo ella.

Luego vio los cansados camellos del mayordomo y, muy amablemente, les ofreció agua. El mayordomo de Abraham había traído unas pulseras de oro para dárselas como obsequio, y las puso en el brazo de Rebeca.

—Gracias por tu amabilidad —dijo el mayordomo—. Dime, por favor, ¿quién es tu padre?

Rebeca respondió:

—Soy hija de Betuel, el hijo de Milcá y de Nahor.

El mayordomo de Abraham sabía que había encontrado a la mujer apropiada para Isaac. No solo Rebeca era generosa, sino que también era familiar de Abraham. El mayordomo le dijo a Rebeca que había venido de parte de su tío Abraham. Así que ella lo invitó a que se quedara a dormir con su familia.

DÍA 21

Isaac y Rebeca

Génesis 24:28-67

El mayordomo de Abraham le dijo al padre de Rebeca por qué había ido hasta allí.

—Mi amo Abraham me pidió venir acá para buscarle esposa a Isaac entre sus familiares.

Luego el mayordomo dijo:

—Me sorprendió mucho la amabilidad de Rebeca. ¡Quiero que venga con nosotros y sea la esposa de Isaac!

El hermano y el padre de Rebeca sabían que esto era el plan de Dios. Estaban tristes de ver a Rebeca irse, pero, a su vez, estaban contentos por ella.

Isaac estaba caminando por los campos de su padre cuando el mayordomo y Rebeca se acercaban en los camellos. Rebeca vio a Isaac al instante. Había algo especial en Isaac.

—¿Quién es aquel hombre que viene por el campo a nuestro encuentro? —preguntó Rebeca.

El mayordomo respondió:

—¡Es mi amo, Isaac! El hombre con quien te vas a casar.

Así Isaac y Rebeca se casaron. Se amaban mucho y Abraham podía morir en paz sabiendo que Isaac tenía su propia familia.

31

ISAAC

DÍA 22
Esaú y Jacob
Génesis 25:19-26

Rebeca e Isaac querían tener hijos, pero Dios no les había dado ninguno. Isaac oraba a Dios para que le diera un hijo. Finalmente, Dios contestó su oración. Rebeca quedó embarazada. Ella se dio cuenta de que iba a tener mellizos porque los niños se peleaban dentro de ella. Un día, Dios le dijo a Rebeca: «Tus hijos representan dos naciones. Son dos pueblos separados desde antes de nacer. Uno de ellos será más fuerte, y el otro será más débil, pero el mayor servirá al menor».

Después de nueve largos meses de tener a los bebés en su vientre, Rebeca tuvo sus hijos. El primero en nacer tenía la piel rojiza y todo el cuerpo cubierto de pelo. Le pusieron por nombre Esaú. El segundo nació agarrado del talón de su hermano. Le pusieron por nombre Jacob.

DÍA 23
Esaú hace una promesa
Génesis 25:27-34

Jacob y Esaú eran muy diferentes. Esaú llegó a ser un buen cazador, mientras que Jacob cuidaba ovejas. Esaú era el hijo preferido de su padre y Jacob era el hijo preferido de su madre. Como Esaú era el mayor, tenía ciertos derechos que su hermano Jacob no tenía.

Un día, Jacob estaba preparando un sabroso plato de comida. Esaú estaba cazando cuando olió una deliciosa comida en la olla.

—¡Dame ya de esa sopa roja que estás cocinando! —dijo Esaú.

—Sí —dijo Jacob. Dame algo a cambio y con gusto te daré de mi sopa.

—¿Qué quieres a cambio? —preguntó Esaú que ya se estaba muriendo de hambre.

—Dame tus derechos de hijo mayor —respondió Jacob.

Esaú dijo:

—¡Te los regalo ahora mismo, pues me estoy muriendo de hambre!

Esaú comió y bebió mientras que Jacob se reía por dentro. Esaú sabía que su hermano lo había engañado.

JACOB

DÍA 24

Isaac bendice a Jacob

Génesis 27:1-40

Isaac era anciano y ciego y estaba a punto de morirse. Antes de morir, quería darle a Esaú, su hijo mayor, una bendición especial. Era su derecho de hijo mayor. Como Rebeca prefería a Jacob, quería que Jacob tuviese esa bendición especial en vez de su hermano.

—Ve a ver a tu padre —le dijo Rebeca a Jacob una tarde-. Creerá que eres tu hermano Esaú y te dará su bendición especial.

Pero Jacob dijo:

—Mi hermano Esaú tiene pelo en todo el cuerpo, y yo no. Si mi padre me llega a tocar, va a creer que me estoy burlando de él. ¡Y en vez de bendecirme, me maldecirá!

Rebeca era muy astuta. Tomó las pieles de unos cabritos y le cubrió los brazos a Jacob.

Jacob fue a presentarse ante su padre, y le dijo:

—Soy Esaú, tu hijo mayor.

Isaac estiró la mano y sintió sus brazos peludos, y creyó que estaba diciéndole la verdad. Puso sus manos sobre la cabeza de su hijo y le dio una bendición que le otorgaba fuerza y valor. Esta bendición significaba que Dios estaría con él por siempre.

Cuando Esaú llegó a la casa corrió a ver a su padre y dijo:

—Levántate, padre mío, y ven a comer de lo que preparé, para que me des tu bendición.

Isaac se dio cuenta de que le había dado la bendición al hijo equivocado. Esaú y su padre estaban disgustados, pero ya era demasiado tarde. Jacob tenía la bendición de Dios.

DÍA 25
Rebeca hace huir a Jacob
Génesis 27:41-45

Esaú odiaba a Jacob por haberle quitado la bendición de su padre. Se había olvidado de la promesa que hizo para venderle sus derechos de hijo mayor. Pensaba que Jacob le había robado su bendición. Estaba furioso y quería matar a Jacob tan pronto su padre muriera. Cuando Rebeca supo lo que andaba planeando Esaú, mandó llamar a Jacob y le dijo:

«Tu hermano Esaú está esperando el momento de matarte. Hazme caso y vete a la casa de mi hermano Labán, que vive en Harán. Quédate allá con él hasta que a tu hermano se le pase el enojo. Cuando se haya olvidado de lo que le hiciste, yo te avisaré que ya puedes regresar».

Jacob juntó sus cosas y se preparó para irse de su casa.

Rebeca despidió a Jacob con un largo y triste saludo. Lamentaba que su querido hijo se fuera.

JACOB

DÍA 26
El sueño de Jacob
Génesis 28: 10-22

Jacob atravesó desiertos calurosos y llanuras secas. Estaba muy cansado y cuando llegó a cierto lugar, se quedó allí para pasar la noche, pues ya había oscurecido. Cuando encontró un buen sitio, puso una piedra para recostar su cabeza.

Esa noche tuvo un sueño. Vio una escalera que llegaba hasta el cielo. Los ángeles de Dios subían y bajaban. Dios le habló y le dijo:

«Yo soy el Dios de Abraham y de Isaac. A ti y a tus descendientes les daré la tierra donde ahora estás acostado. ¡Tus descendientes serán tan numerosos como el polvo de la tierra! Yo estaré contigo».

Jacob se despertó al día siguiente con mucha paz. Se acordó de su sueño. Tomó la piedra que había usado para recostar su cabeza, y se la dedicó a Dios, echándole aceite encima.

Luego se postró y oró:

—Cuídame Dios, y te adoraré por siempre.

37

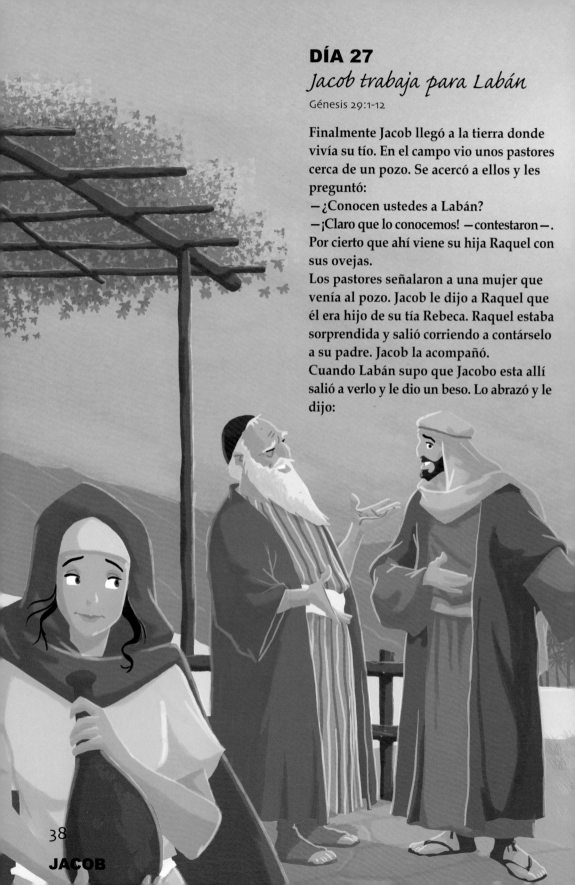

DÍA 27
Jacob trabaja para Labán
Génesis 29:1-12

Finalmente Jacob llegó a la tierra donde vivía su tío. En el campo vio unos pastores cerca de un pozo. Se acercó a ellos y les preguntó:

—¿Conocen ustedes a Labán?

—¡Claro que lo conocemos! —contestaron—. Por cierto que ahí viene su hija Raquel con sus ovejas.

Los pastores señalaron a una mujer que venía al pozo. Jacob le dijo a Raquel que él era hijo de su tía Rebeca. Raquel estaba sorprendida y salió corriendo a contárselo a su padre. Jacob la acompañó.

Cuando Labán supo que Jacobo esta allí salió a verlo y le dio un beso. Lo abrazó y le dijo:

—¡Tú eres parte de mi propia familia! Quédate con nosotros todo el tiempo que quieras. Jacob se quedó y vivió con Labán y sus hijos. Ayudaba a Labán a cuidar los animales.

DÍA 28
Jacob se casa con Lía y Raquel
Génesis 29:15-30

Un día Labán le dijo a Jacob:
—Tú no vas a trabajar gratis para mí. Dime cuánto quieres que te pague. Como Jacob se había enamorado de Raquel, le contestó a Labán:
—Quiero casarme con tu hija Raquel. Si aceptas, trabajaré para ti siete años. Así que Labán y Jacob hicieron un trato.

Jacob trabajó siete años para Labán. No se quejó ni una sola vez y siempre daba lo mejor de sí. Era tanto su amor por Raquel que el tiempo le pareció corto.
Finalmente llegó el día de la boda. Labán hizo una gran fiesta, e invitó a toda la gente del lugar. Pero cuando Labán trajo a la novia… era Lía, no Raquel. Jacob le dijo a Labán:
—¿Dónde está Raquel? ¡Yo me comprometí a trabajar para casarme con ella, no con Lía!
Labán le respondió:
—No es nuestra costumbre que la hija menor se case antes que la mayor. Pero si te comprometes a trabajar para mí otros siete años, te casarás con Raquel.
Jacob aceptó y se casó con Raquel también. Pero tuvo que trabajar siete años más para Labán.

39

JACOB

DÍA 29
Jacob huye
Génesis 31:1-21

Jacob trabajó muchos años para Labán. Pero tuvo muchos hijos con sus esposas y tenía ganas de comenzar su propia vida. Labán tenía muchos hijos. Ellos estaban celosos de su cuñado Jacob.

—Jacob es más rico que nosotros —decían—. Pero si no fuera por nuestra familia, no tendría nada de nada.

La actitud de Labán y de sus hijos hacia Jacob cambió. Dios le dijo a Jacob:

—Vuelve a la tierra de tus padres, donde vive tu familia. Yo te ayudaré en todo.

Entonces Jacob mandó buscar a Lía y a Raquel. Les dijo:

—Su padre ya no me trata como antes. Ustedes saben bien que yo he puesto todo mi empeño en servirle. Sin embargo, él siempre me ha hecho trampa, y varias veces me cambió el sueldo. Dios me dijo que regrese a Canaán.

Raquel y Lía dijeron:

—Haz todo lo que Dios te diga e iremos contigo. Eres un hombre bueno. Pero nuestro padre nos trata como a unas extrañas.

Un día, mientras Labán y sus hijos trabajaban, Jacob cargó los camellos con todas sus pertenencias. Lía y Raquel reunieron a sus hijos y se prepararon para marcharse. Raquel regresó a buscar una cosa más. Se llevó un ídolo de su padre y lo escondió en una de las bolsas. Luego el grupo salió antes de que Labán viera que se habían ido.

DÍA 30
Labán persigue a Jacob
Génesis 31:22-42

Cuando Labán supo que Jacob había huido se puso furioso. Luego vio que le faltaba su ídolo. Así que se fue a perseguirlo, buscando por todos lados. Siete días después, lo alcanzó en los cerros de Galaad. Pero una noche Dios se le apareció a Labán en un sueño, y le dijo:
—Labán, no le digas nada a Jacob. Labán estaba muy disgustado y no lo oyó. Entró al campamento de Jacob y gritó:
—¿Por qué me has engañado?

¿Por qué has tomado a mis hijas como si fueran prisioneras de guerra? No tenías por qué robarte mi ídolo. Pero Jacob mantuvo la calma. Le dijo a Labán:
—La verdad, tuve miedo de que me quitaras a tus hijas por la fuerza. En cuanto a tus dioses, pasa y busca tú mismo. Labán buscó en cada tienda de campaña, pero no encontró nada. Raquel había escondido el ídolo debajo de la montura y se sentó encima de él.

41

—¿De qué se me acusa? —dijo Jacob—. En los veinte años que he vivido contigo, jamás me robé nada. Catorce años trabajé para ti por tus dos hijas, y seis años por tus rebaños, ¡y más de una vez me rebajaste el sueldo! ¡Qué bueno que Dios me brindó su ayuda! Dios está de mi lado y me ha dicho lo que debo hacer.

DÍA 31
Un trato
Génesis 31:43-55

Labán le dijo a Jacob:
—Dios me ha dicho que no les haga daño. Y no puedo quitarte a mis hijas porque ahora son tu familia. Mejor hagamos un trato que nos comprometa a los dos. Tomemos una gran piedra para hacer una columna en este lugar. Este montón de piedras servirá de señal para recordarnos nuestro pacto. Cuando ya estemos lejos el uno del otro, que sea

Dios quien nos vigile. Yo no te quitaré a mis hijas. Pero tú debes prometer que cuidarás de ellas y de mis nietos. Recuerda que Dios es nuestro testigo y que se asegurará de que cumplamos nuestro trato.

Jacob luego sacrificó un animal a Dios para demostrar que iba a mantener el pacto. Luego, todos juntos, comieron y pasaron la noche allí en la montaña. A la mañana siguiente Labán se preparó para irse. Besó y abrazó a sus hijas y nietos. Después de eso regresó a su casa.

43

JACOB

DÍA 32
La lucha de Jacob
Génesis 32:1-32

A medida que Jacob se acercaba a Canaán, envió unos mensajeros a su hermano Esaú para que le dijeran que estaban viniendo. Hacía mucho tiempo que no veía a Esaú. Tenía miedo de que Esaú todavía estuviese enojado con él. Así que le dijo a sus mensajeros que le dijeran a Esaú: «Su hermano Jacob se pone a sus órdenes y le hace saber que todo este tiempo ha estado viviendo con su tío Labán. Ahora es dueño de vacas, burros, ovejas y cabras, y además tiene esclavos y esclavas. También le suplica que usted lo reciba con bondad».

Cuando los mensajeros regresaron, le dijeron a Jacob:

—Fuimos y hablamos con su hermano Esaú, y él mismo viene a recibirlo, al frente de cuatrocientos hombres.

Jacob se asustó mucho. Estaba convencido de que su hermano iba a atacarlo a él y a su familia. Así que dividió a su gente y a su ganado en dos grupos.

—Si Esaú llega y ataca a uno de los grupos —dijo Jacob— al menos el otro grupo podrá escapar.

Y Jacob hizo esta oración:

«Dios mío, cuando crucé el río Jordán, solo tenía un palo para defenderme, pero ahora tengo gente y ganado para formar dos grupos. Tú me prometiste que me iría bien, y que mis descendientes llegarían a ser como la arena del mar, que no se puede contar».

Al siguiente día, Jacob tomó sus mejores cabras y ovejas. Luego tomó los carneros más gordos y los burros más fuertes. Les dijo a sus sirvientes:

—Llévenle estos animales a Esaú. Díganle que se los regala su hermano. Detrás del primer rebaño, Jacob envió un segundo y un tercer rebaño a Esaú. A cada mensajero le dio las mismas instrucciones. Esa noche Jacob no podía dormir. Estaba pensando en Esaú y sus cuatrocientos hombres.

—Déjenme llevarlos a otro lugar —le dijo a su familia—. Es muy peligroso que viajen conmigo. Así que Jacob los llevó al otro lado del arroyo. Luego él solo regresó al otro lado a dormir. Antes del amanecer, vino un desconocido y luchó con él hasta que el sol salió.

Cuando el desconocido se dio cuenta de que no podía vencer a Jacob, lo golpeó en la cadera, y se la zafó. A lo lejos, el sol comenzó a salir. Entonces el desconocido le dijo:

—¡Suéltame! ¡Ya salió el sol!

Pero Jacob le respondió:

—No te suelto si no me bendices.

El desconocido le preguntó:

—¿Cómo te llamas?

—Me llamo Jacob —le respondió.

—Ya no te vas a llamar Jacob. Ahora vas a llamarte Israel, porque has luchado con Dios y con los hombres, y has vencido.

Entonces Jacob le dijo:

—Ahora te toca decirme cómo te llamas.

Pero el desconocido respondió:

—¡Pues ya debieras saberlo!

Luego puso sus manos sobre Jacob y lo bendijo. Jacob se levantó y se fue, pero iba cojeando.

—¡He visto a Dios cara a cara, y todavía sigo con vida! —dijo Jacob.

45

JACOB

DÍA 33
Jacob y Esaú se encuentran
Génesis 33: 1-17

Más tarde ese día Esaú venía hacia Jacob. Detrás de Esaú había cuatrocientos hombres.

—Rápido —les dijo Jacob a sus hijos— vayan con sus madres.

Jacob iba al frente y se inclinó hasta el suelo siete veces. Luego observó cómo Esaú corría hacia él. Pero en vez de atacarlo, Esaú lo abrazó y lo besó. Al ver Esaú a las mujeres y a los niños, preguntó:

—¿Quiénes son todos estos?

Jacob le contestó:

—Dios ha sido bueno conmigo y me ha dado todos estos hijos.

Entonces le preguntó Esaú:

—¿Por qué me enviaste todos esos animales que he encontrado en el camino? ¡Quédate con lo que es tuyo, hermano mío, que yo ya tengo bastante!

Jacob insistió:

—Por favor, te ruego que aceptes este regalo. Nos has recibido con mucha amabilidad.

—De acuerdo —dijo Esaú—. Sigamos nuestro camino.

Pero Jacob le dijo:

—De ningún modo, hermano mío. Tú sabes que los niños se cansan rápido. Es mejor que te adelantes y me dejes ir despacio, al paso de los niños y de mis animales.

Entonces Esaú regresó a Edom y Jacob y su familia acamparon en Sucot. Allí Jacob construyó unos cobertizos para su ganado y una casa para su familia.

DÍA 34
El sueño de José

Génesis 37:1-11

Jacob tuvo muchos hijos. Pero José era su hijo favorito. Cuando José era un adolescente, ayudaba a sus hermanos a cuidar las ovejas. Pero José le contaba a su padre lo mal que se portaban sus hermanos.

Un día Jacob le hizo un regalo a José. Era una túnica de muchos colores brillantes que cuando José se la ponía era imposible no prestarle atención. Sus hermanos le tenían celos. Sabían que su padre amaba más a José que a ellos.

Un día José tuvo un sueño y se lo contó a sus hermanos:

«Estábamos en medio del campo, atando el trigo en manojos. De repente, mi manojo se levantó y se quedó bien derecho, mientras los de ustedes lo rodeaban y se inclinaban ante él».

Sus hermanos protestaron:

«¡Ahora resulta que vas a ser nuestro rey y nuestro jefe!».

José tuvo otro sueño, y también se lo contó a sus hermanos, pero ellos se rieron y se burlaron de él. Entonces José fue a ver a su padre.

—El sol, la luna y once estrellas, se inclinaban ante mí —explicó.

—¿Qué clase de sueño es ése? —preguntó su padre—. ¿Quieres decir que tu madre y tus hermanos, y yo mismo, vamos a ser tus esclavos?

José no lo sabía. Pero su padre trataba de entender el significado de sus sueños.

JOSÉ

DÍA 35
José en el pozo
Génesis 37:12-24

Un día, los hermanos de José llevaron las ovejas de su padre a los pastos de Siquem. Jacob le dijo a José:
«Quiero que vayas a ver si todo está bien, y que regreses a contármelo».
José buscó a sus hermanos y los encontró en un lugar llamado Dotán.

Cuando los hermanos lo vieron acercarse, se reían de él y lo señalaban.
—¡Vaya, vaya! ¡Aquí viene ese gran soñador! —decían ellos—. Vamos a matarlo y a echarlo en uno de estos pozos, y diremos que algún animal feroz se lo comió. ¡Ya vamos a ver si se cumplen sus sueños!

Rubén era uno de los hermanos de José. Trató de protegerlo.

Por eso les dijo:

—¿Para qué matarlo? Si quieren, échenlo en este pozo del desierto; ¡pero no le hagan daño!

En secreto, Rubén planeaba regresar a rescatar a José una vez que sus hermanos se fueran.

Cuando José llegó a donde estaban sus hermanos, ellos lo tiraron al piso y le quitaron la túnica de muchos colores. Luego lo arrastraron por el desierto y lo tiraron en un pozo seco tan profundo que José no podía salir.

DÍA 36
José en Egipto
Génesis 37:25-35

Los hermanos volvieron al campamento y se sentaron a comer. De pronto vieron que se acercaba un grupo de comerciantes. Eran unos ismaelitas que iban rumbo a Egipto. Sus camellos estaban cargados de finos perfumes y hierbas de rico aroma para vender en el mercado.

Judá, uno de los hermanos de José, les dijo:

«No ganamos nada con matar a nuestro hermano y luego tener que mentir acerca de su muerte. Nos conviene más vendérselo a estos ismaelitas. Después de todo, José es nuestro hermano; ¡es de nuestra propia familia!».

Así que los hermanos volvieron y sacaron a José del pozo. Lo vendieron a los ismaelitas por veinte monedas de plata. Luego observaron cómo los comerciantes se lo llevaban.

—¡Y ahora, ¿qué le vamos a decir a nuestro padre? —se preguntaron.

Entonces idearon un plan. Primero mataron un cabrito. Luego con la sangre del cabrito mancharon la túnica de José. Cuando llegaron a la casa trataron de lucir tristes. Le llevaron la túnica de José a su padre y le dijeron:

—Nos parece que es la túnica de tu hijo.

—¡Sí! —dijo Jacob—. ¡Seguramente algún animal feroz lo hizo pedazos y se lo comió! En ese momento Jacob comenzó a llorar. Todos sus hijos llegaron para consolarlo, pero no servía de nada. Les dijo:

—Estaré triste hasta el día que me muera.

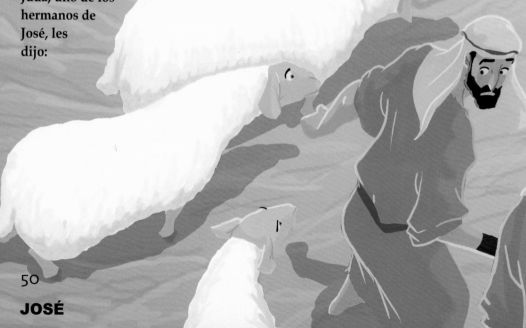

DÍA 37
José en la casa de Putifar
Génesis 39:1-6

Mientras tanto, José llegó a Egipto. Los comerciantes ismaelitas lo vendieron a un hombre llamado Putifar, que era oficial del rey y capitán de su guardia. Puso a José en su casa como sirviente. Mientras José trabajaba, Putifar lo observaba muy de cerca. Había algo especial en José. Era como si todo lo que hacía se convertía en algo exitoso. Esto sucedía porque Dios estaba con José.

Por eso Putifar puso a José a cargo de su casa y de todo lo que tenía. Gracias a José, Putifar se hizo rico.

DÍA 38
José en la cárcel

Génesis 39:7-20

José era muy inteligente, pero también era fuerte y atractivo. Después de un tiempo la esposa de Putifar se fijó en él.

—¡Ven, acuéstate conmigo! —le dijo un día.

Pero José le contestó:

—Mi amo confía en mí, y por eso ha dejado todo a mi cargo. Pero usted es su esposa. Tener relaciones sexuales con usted sería pecar contra Dios. Luego se dio la vuelta y se fue.

Pero la esposa de Putifar insistía. Le pedía que se acostara con ella. José trataba de ignorarla. Un día ella lo encontró solo en la casa y lo agarró de la ropa, pero José logró soltarse y salió corriendo.

La esposa de Putifar comenzó a gritar:

—¡Ayuda, ayuda! ¡Me están atacando! Los sirvientes entraron y ella les mostró la ropa de José.

—¡Quiso violarme! —dijo ella—. Tengo su ropa como prueba.

Cuando Putifar llegó a su casa, su esposa le contó la misma mentira. Putifar se enojó mucho con José y lo metió en la cárcel, donde estaban todos los criminales.

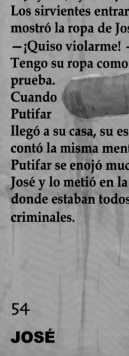

DÍA 39
José interpreta sueños
Génesis 40:1-23

Algún tiempo después, el jefe de los coperos y el jefe de los panaderos ofendieron al rey. El rey los puso en la cárcel donde también José estaba preso. Una noche el copero y el panadero tuvieron cada uno un sueño. Al día siguiente, se levantaron muy confundidos. Se preguntaban cuál era el significado de los sueños.
José les dijo:
«Vamos a ver, cuéntenme sus sueños, y Dios nos dirá lo que significan».
El copero le dijo:
—En mi sueño yo veía una planta de uvas que tenía tres ramas. Así que tomaba las uvas y las exprimía en una copa, y luego se la daba al rey.
José le dijo:
—Dentro de tres días el rey te perdonará y te devolverá tu cargo, para que vuelvas a servirle como jefe de los coperos. Por favor, cuando todo esto suceda, háblale de mí al rey y sácame de esta cárcel.
El panadero le dijo:

—También yo tuve un sueño. Sobre mi cabeza había tres canastas de pan. La canasta de más arriba tenía los mejores pasteles; sin embargo, las aves venían a comérselos.
José le dijo:
—Dentro de tres días el rey mandará que te cuelguen de un árbol. Allí los buitres se comerán tu cuerpo.

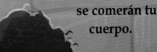

Así se cumplió lo que José les había dicho. Al jefe panadero lo mataron. Al copero le devolvieron su cargo. Sin embargo, el copero se olvidó completamente de José.

DÍA 40
Los sueños del rey
Génesis 41:1-32

Dos años después, el rey de Egipto tuvo dos sueños que lo preocuparon. Mandó llamar a todos los magos y les contó sus sueños, pero ninguno pudo decirle lo que significaban. Luego llamó a todos los sabios, pero ellos tampoco sabían el significado. De pronto, el jefe de los coperos se acordó de José y le dijo al rey:

—Cuando estuve en la cárcel había un joven hebreo a quien le contamos nuestros sueños, y él nos dijo lo que significaban. ¡Y dicho y hecho!

El rey estaba dispuesto a probar cualquier cosa. Entonces mandó llamar a José. José se afeitó, se cambió de ropa, y luego se presentó ante el rey.

Y el rey le dijo:

—Yo estaba de pie a la orilla del río Nilo. De pronto vi que del río salían siete vacas gordas y bonitas. Tras ellas salieron otras siete vacas, muy flacas y feas. Y resulta que las vacas flacas se comieron a las vacas gordas que habían salido primero. Volví a soñar, y en mi sueño vi siete espigas, delgadas y marchitas, que se comieron a siete espigas llenas de trigo.

—Esto es lo que significan sus sueños —le dijo José al rey—. Egipto va a tener siete años de abundantes cosechas, pero después vendrán siete años en que no habrá qué comer. Cuando eso suceda, nadie se acordará de la abundancia que antes hubo. Habrá tanta hambre que acabará con el país.

DÍA 41
José se hace cargo de Egipto

Génesis 41:33-46

José le dijo al rey:

—No se asuste de sus sueños. Dios quiere que Su Majestad sepa lo que él está a punto de hacer. Yo le sugiero a Su Majestad que busque a alguien muy sabio e inteligente, y que lo ponga a cargo del país. También le sugiero que se guarde parte de la cosecha. Ese alimento quedará guardado, para usarlo durante los siete años de hambre que habrá en Egipto. Así el país no quedará arruinado por el hambre.

El rey estaba asombrado.

—Dios te ha dado a conocer todo esto —dijo el rey— y eso quiere decir que no hay nadie tan sabio e inteligente como tú. Por eso, a partir de este momento quedas a cargo de mi palacio y de todo mi pueblo. Todos en Egipto tendrán que obedecerte. Después, el rey se quitó el anillo y se lo puso a José. También le puso un collar de oro en el cuello. Y le permitió que lo acompañara en su carro. Cuando la gente veía a José venir, gritaban: «¡Abran paso!».

Así fue como el rey puso a José a cargo de todo su país, y todos los querían y respetaban. Pero durante todo ese tiempo José no se olvidó de los sueños del rey. Se aseguró de que todos estuvieran preparados para los tiempos difíciles que vendrían.

DÍA 42
Siete años de escasez
Génesis 41:47-57

Durante los siete años de abundancia, en todo Egipto hubo muy buenas cosechas. Había tanto para comer que nadie sabía lo que era pasar hambre. Tratar de contar los granos de trigo era como tratar de contar la arena del mar. Pero José insistió para que se separara cierta parte de la cosecha. Luego la juntaban y la almacenaban. Finalmente, los siete años de abundancia terminaron. Las cosechas iban disminuyendo hasta que ya no hubo nada. Los animales eran piel y hueso, pues no tenían qué comer. Pronto la gente comenzó a tener hambre.

—Tenemos hambre —decían—. Necesitamos algo para comer.

Entonces el rey les dijo que fueran a ver a José.

José abrió los almacenes y allí había mucho trigo. La gente pudo comer otra vez. Pero la escasez de alimentos llegó a otros países lejanos. Así que venían de todos lados a Egipto para comprarle trigo a José.

JOSÉ

DÍA 43

Los hermanos de José van a Egipto

Génesis 42:1-24

Mientras tanto, en Canaán, los hermanos y el padre de José estaban pasando hambre.

Jacob les dijo:

—Me han dicho que en Egipto hay trigo. Vayan allá y compren trigo para nosotros.

Así que diez de los once hermanos salieron rumbo a Egipto. Jacob no dejó que Benjamín fuera con ellos. Amaba a Benjamín como amaba a José. Tenía miedo de dejarlo ir a cualquier lado y siempre lo tenía en la casa.

Los hermanos viajaron por el desierto hasta llegar a Egipto. Fueron a ver al gobernador y se inclinaron ante él. Pero no se dieron cuenta de que el gobernador era su propio hermano.

José reconoció a sus hermanos enseguida.

—Ustedes son espías —les dijo José.

—¡De ninguna manera, señor!

—respondieron ellos—. Somos doce hermanos. El más joven se quedó con nuestro padre en Canaán, y el otro ya ha muerto.

—Vamos a ver si es cierto lo que dicen —continuó José—. Uno de ustedes va a ir por su hermano, y los demás van a quedarse presos. Si no traen aquí a su hermano, quiere decir que ustedes son espías.

Los hermanos se decían los unos a los otros en su idioma:

—Seguramente estamos recibiendo nuestro merecido por lo que le hicimos a nuestro hermano. Cuando nos rogaba que le perdonáramos la vida, no le hicimos caso, aunque veíamos lo aterrado que estaba.

José entendía lo que decían, por lo que se apartó de ellos y se echó a llorar.

DÍA 44

Los hermanos de José regresan a Egipto

Génesis 42:25-38

Antes de que volvieran a Canaán, José ordenó que les llenaran de trigo sus sacos. Sin que ellos lo supieran, José les puso el dinero que habían pagado por la comida de nuevo en sus sacos. Luego los hermanos se pusieron en camino para buscar a Benjamín.

Cuando llegaron al lugar donde iban a pasar la noche, uno de ellos abrió su saco para darle de comer a su burro, ¡y se encontró con que en el saco estaba su dinero! Enseguida les dijo a sus hermanos:

—¡Me devolvieron mi dinero! ¡Mírenlo, aquí está, dentro del saco!

Al ver esto, todos ellos se asustaron y empezaron a temblar de miedo, mientras se preguntaban:

—¿Qué es lo que Dios está haciendo con nosotros? Estamos seguros de que pagamos por la comida. Pero ahora el gobernador nos va a llamar ladrones.

Cuando llegaron a su casa, los hermanos le contaron a su padre todo lo que les había pasado.

—Debemos llevar a Benjamín a Egipto —le explicaron—. Es la única forma de que el gobernador crea que no somos espías. También le contaron acerca del dinero que encontraron en sus sacos.

Entonces Jacob les dijo:

—José ya no está con nosotros; ¡y ahora quieren llevarse también a Benjamín! ¡Todo esto acabará por matarme! Mi hijo no va a ir con ustedes.

Entonces los hermanos tuvieron que quedarse en Canaán y no pudieron regresar a Egipto.

DÍA 45
Benjamín en Egipto
Génesis 43: 1-23

El trigo que José les dio a sus hermanos se estaba acabando. Jacob les dijo a sus hijos:

—Vuelvan a Egipto y compren más trigo.

—Padre —respondieron ellos—, el gobernador de Egipto claramente nos dijo que no va a recibirnos si no llevamos a Benjamín.

Así que Jacob permitió que Benjamín los acompañara. También llenó sus sacos con regalos especiales como perfumes, miel y pistachos.

—Lleven también una doble cantidad de dinero, pues tienen que entregar el que les devolvieron en sus sacos. Tal vez lo pusieron allí por error. Que el Dios todopoderoso haga que ese hombre les tenga compasión.

Los hermanos se fueron a Egipto. Al llegar, le dijeron al mayordomo:

—Señor, como usted sabe, la vez pasada vinimos a comprar trigo. Y resulta que cuando paramos para pasar la noche, al abrir nuestros sacos cada uno de nosotros encontró allí su dinero. ¡No faltaba nada! Pero no sabemos quién lo haya puesto allí. Aquí lo traemos con nosotros.

El mayordomo los tranquilizó:

—Tal vez el Dios de ustedes y de su padre les puso en sus sacos ese regalo.

Los hermanos estaban confundidos, pero siguieron al mayordomo y esperaban para hablar con el gobernador.

63

JOSÉ

DÍA 46

José y Benjamín

Génesis 43:24-34

El mayordomo le dijo a José que sus hermanos habían llegado. Entonces José hizo que el mayordomo les diera agua para que se bañaran, y les dio de comer a sus burros. Salió a saludarlos y sus hermanos le entregaron los regalos y se inclinaron delante de él.

José les preguntó:

—¿Cómo está su padre?

—Nuestro padre todavía vive, está bien de salud —respondieron ellos.

José miró a cada uno y cuando vio a Benjamín les preguntó:

—¿Es este su hermano menor del que me hablaron?

Ellos asintieron con la cabeza.

José se acercó a él y le dijo:

—¡Que Dios te bendiga, hijo mío!

Él amaba a Benjamín más que a los otros, y los ojos se le comenzaron a llenar de lágrimas. Salió de prisa para que sus hermanos no lo vieran llorar. Luego se lavó la cara y, controlando sus emociones, salió y dijo:

—¡Sirvan ya la comida!

Los hermanos fueron sentados frente a él según su edad, del mayor al menor.

—¿Cómo sabe nuestras edades? —se preguntaban ellos.

Pero no dijeron nada. Comieron y bebieron y pasaron un lindo momento. Cuando servían comida, José se aseguraba de que Benjamín recibiera cinco veces más que los otros.

DÍA 47
La copa de plata
Génesis 44:1-17

Llegó la hora de que los hermanos de José regresaran a su casa. José llenó sus sacos con comida. Luego hizo poner, igual que antes, el dinero que habían pagado dentro de los sacos. También hizo que pusieran su copa de plata en el saco de Benjamín. Quería ver si es que en verdad sus hermanos habían cambiado. Temprano por la mañana los hermanos de José salieron en sus burros. Pero justo cuando estaban saliendo de la ciudad, José le dijo a su mayordomo:

—Vete enseguida tras esos hombres, y diles: «¿Por qué le han pagado mal a mi señor? ¡Esta copa es la que mi señor usa para beber».

Cuando el mayordomo los alcanzó, les repitió todo esto.

—¿Por qué le han robado la copa a mi señor?

Pero los hermanos no sabían de qué les hablaba.

—¿Por qué nos dice usted todo eso? —dijeron ellos—. ¡Nosotros jamás haríamos algo así! Si esa copa de plata se encuentra en poder de alguno de nosotros, que se le condene a muerte; y además todos nosotros nos haremos sus esclavos.

Entonces el mayordomo buscó en cada uno de los sacos. Finalmente, llegó al de Benjamín y lo abrió. La copa de José estaba allí dentro. Los hermanos de José no lo podían creer. Sus corazones se quebrantaron y se rasgaron sus ropas y comenzaron a llorar. Luego volvieron a la casa del gobernador.

DÍA 48
Judá intercede por Benjamín
Génesis 44:18-34

Cuando los hermanos regresaron a la casa de José, de inmediato se arrojaron a sus pies.

—No podemos demostrar que somos inocentes —dijo Judá—, y ahora todos somos esclavos de usted.

Pero José le respondió:

—Solo será mi esclavo el que tenía la copa. Los demás pueden volver tranquilos a la casa de su padre.

Pero Judá se acercó a José y le dijo:

—Mi señor, yo sé que hablar con usted es como hablar con el rey mismo. Pero yo le ruego que no se enoje conmigo y me permita decirle una sola cosa. Usted nos preguntó si todavía teníamos a nuestro padre, o algún otro hermano. Nosotros le respondimos que nuestro padre ya era anciano, que había tenido dos hijos con su esposa Raquel. Uno de ellos murió y solo queda el más joven, que nació cuando él ya era viejo. Por eso nuestro padre lo quiere mucho. Nuestro padre nos dijo: «Ustedes bien saben que uno de mis hijos se marchó, y jamás he vuelto a verlo. Me imagino que alguna fiera se lo habrá comido». Ahora solo le queda Benjamín. Yo mismo me hice responsable ante mi padre de que a su hijo nada le pasaría. Yo le ruego a usted que me acepte como su esclavo, y que le permita al muchacho volver con sus hermanos. Yo me quedaré en su lugar. ¡No, yo no podría ver la desgracia que caería sobre mi padre!

JOSÉ

DÍA 49
José les cuenta la verdad
Génesis 45:1-15

José sabía que era hora de decirles la verdad a sus hermanos.

—Vengan acá —les dijo.

Sus hermanos le obedecieron, pero no entendían por qué tenía lágrimas en los ojos.

Entonces José les dijo:

—Yo soy José, el hermano que ustedes vendieron a los egipcios. Pero no se preocupen, ni se reprochen nada —continuó diciendo—. Dios me envió aquí antes que a ustedes, para que les salve la vida a ustedes y a sus hijos de una manera maravillosa. Como pueden ver, no fueron ustedes los que me enviaron acá, sino que fue Dios quien me trajo. Él me ha convertido en amo y señor de todo Egipto, y en consejero del rey. Así que regresen pronto a donde está mi padre, y díganle de mi parte que Dios me ha hecho gobernador de todo Egipto, y que venga acá enseguida.

Los hermanos de José no podían creerlo. Sus rostros resplandecían de gozo. Estaban muy agradecidos con su hermano por perdonarlos. José se acercó primero a Benjamín. Lloraron y se besaron. Luego José abrazó a cada uno de sus hermanos. No los veía desde que era un niño, así que tenían mucho de qué hablar. Se sentaron y charlaron durante muchas horas.

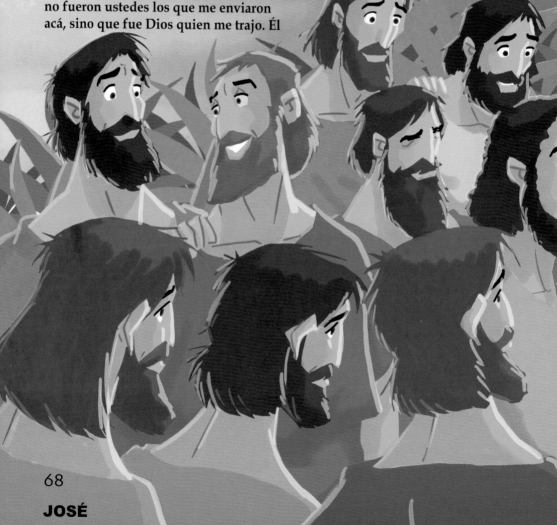

DÍA 50
El rey recibe a la familia de José

Génesis 45:16-28

El rey se enteró de que la familia de José había venido a Egipto. Estaba contento y le dijo a José:

—Diles a tus hermanos que carguen sus animales y regresen a Canaán para que traigan a su padre y a sus familias. Llévense algunas de nuestras carretas para que traigan a sus hijos, a sus esposas y a su padre. Y que no se preocupen por lo que dejen allá, pues aquí en Egipto tendrán todo lo mejor.

Entonces los hermanos de José volvieron a Canaán.

Le dijeron a su padre:

—José está vivo y es el gobernador de Egipto.

Pero su padre no lo podía creer. Así que le contaron todo lo que José les había dicho. Aún así no les creía. Luego llegaron varios carros.

—Mira, padre —dijeron sus hijos—. El rey envió estos carros para que vayamos a Egipto. ¿Ahora sí nos crees?

Cuando Jacob vio los carros se dio cuenta de que era verdad. Aplaudió y clamó:

—¡Mi hijo José todavía está vivo! ¡Iré a verlo antes de que me muera!

69

DÍA 51
La familia de José vive en Egipto
Génesis 47:1-12

Cuando la familia de José llegó a Egipto, José se los presentó al rey. El rey les preguntó:
—¿Y ustedes a qué se dedican?
—Nosotros somos pastores —respondieron ellos—. Así como lo fueron nuestros abuelos. Pero ya no tenemos pastos para nuestro ganado.
—Quédense en Egipto —les dijo el rey—. La región de Gosen tiene buenos pastos y buena tierra. Pueden criar a su ganado allí. Los pondré a cuidar mi propio ganado.

Luego el rey se dirigió al padre de José:
—¿Cuántos años tiene usted? —le preguntó.
—Su Majestad, ya llevo ciento treinta años de andar de un lado a otro —respondió Jacob—. Y aunque mi vida no ha sido fácil, todavía no he llegado a vivir lo que vivieron mis abuelos.

Luego Jacob puso sus manos sobre el rey y lo bendijo.

José ayudó a que su familia se estableciera en Gosen. Se aseguró de que cada uno de sus hermanos tuviera tierras y de que cada familia tuviera suficiente comida.

DÍA 52
Jacob bendice a los hijos de José

Génesis 48:1-2

Jacob era muy anciano y ya estaba casi ciego. José sabía que su padre pronto iba a morir. Así que le trajo sus dos hijos, Manasés y Efraín, para que su abuelo los bendijera.

Los muchachos se pararon cerca de su abuelo.

—Casi no puedo ver. Acérquense —les dijo Jacob.

Así que Manasés se sentó a su derecha y Efraín a la izquierda. Jacob besó a cada uno y los abrazó.

—Yo había perdido las esperanzas de volver a verte —dijo Jacob a José—. Sin embargo Dios me ha permitido ver también a tus hijos.

Jacob cruzó los brazos para bendecirlos y puso su mano derecha sobre la cabeza de Efraín, que era el menor, y su mano izquierda la puso sobre la cabeza de Manasés, a pesar de que este era el mayor. Entonces José dijo: «¡Así no, padre mío! ¡Mi hijo mayor es Manasés! ¡Pon tu mano derecha sobre su cabeza!»

Pero Jacob le dijo:

«Ya lo sé, hijo mío; ya lo sé. También Manasés llegará a ser un gran pueblo. Sin embargo, su hermano menor será más importante que él, y sus descendientes llegarán a formar un grupo de naciones».

Luego Jacob le dijo a José:

«Ya me falta poco para morir, pero Dios estará contigo y te hará volver a la tierra de tus abuelos. Y como tú estás por encima de tus hermanos, te doy el monte de Siquem, que les quité a los amorreos en mi lucha contra ellos».

DÍA 53
La promesa de José

Génesis 50: 15-21

Después de que murió Jacob, los hermanos de José comenzaron a preocuparse. Pensaron que tal vez José pudiera estar enojado con ellos.

Así que le enviaron un mensaje a José, diciendo: «Antes de que nuestro padre muriera, dejó dicho que debías perdonarnos todo el mal que te hemos causado. Es verdad que te hemos hecho mucho daño, pero te rogamos que nos perdones».

Cuando José recibió este mensaje, se puso a llorar. Sus hermanos fueron entonces a verlo, y se arrodillaron delante de él.

Le dijeron:

—Somos tus esclavos.

José los tranquilizó, y con mucho cariño les dijo:

—No tengan miedo, que yo no soy Dios.
Ustedes quisieron hacerme daño, pero Dios cambió todo para bien. Yo voy a cuidar de ustedes y de sus hijos.

Los hermanos de José sabían que José los había perdonado de verdad y que mantendría su promesa.

DÍA 54
La esclavitud en Egipto

Éxodo 1:6-14

La familia de José vivió en la región de Gosen por cuatrocientos años. Mientras José vivía, los hebreos vivieron en paz. Pero muchos años después de que José muriera, hubo un nuevo rey en Egipto. El rey no sabía de las cosas buenas que José había hecho. Él quería que los hebreos se fueran de Egipto.

Fíjense en los israelitas —decía—. Han invadido nuestra tierra. Ya son más fuertes que nosotros.

Así que el rey hizo que los israelitas fuesen esclavos. Tenían que trabajar todo el día, sin importar si hacía frío o calor. Tenían que mezclar cemento y llevar ladrillos para construir ciudades enteras. Era un trabajo muy duro y no los trataban bien. Pero a pesar de que el trabajo era una tarea miserable, las familias israelitas crecían y se esparcían por toda la región. Esto hacía que los egipcios los odiaran aún más.

DÍA 55
La orden del rey

Éxodo 1:15-22

El rey mandó llamar a Sifrá y Puá. Estas dos mujeres ayudaban a las madres cuando iban a tener un hijo.

El rey les dijo:

—Cuando ustedes ayuden a las hebreas a tener sus hijos, fíjense si nace un niño o una niña. Si les nace un niño… ¡mátenlo!

Ellas estaban sorprendidas, pero tuvieron que obedecer al rey.

Cuando era hora de que las israelitas tuvieran hijos, ellas rogaban que fuese una niña. Pero si nacía un niño, ellas igual no lo mataban.

El rey sabía que las mujeres desobedecían sus órdenes.

—¿Qué les pasa? —dijo con furia—. ¿Por qué están dejando con vida a los niños?

Las dos mujeres inventaron una historia:

—Es que las mujeres israelitas no son como las egipcias. Al contrario, son tan fuertes y saludables que tienen sus hijos ellas solas, sin nuestra ayuda.

Entonces el rey dio una orden en todo Egipto diciendo:

—¡Echen al río a todos los niños israelitas que nazcan, para que se ahoguen!

MOISÉS

DÍA 56
El nacimiento de Moisés

Éxodo 2:1-4

Durante ese tiempo, había un hombre y una mujer de la tribu de Leví que vivían en Egipto. La mujer tuvo un hijo varón. Cuando la madre oyó la orden del rey, se asustó. Ella amaba mucho a su bebé, era su preciado regalo. Así que buscó en su casa un lugar y lo escondió por tres meses. Durante ese tiempo los oficiales del rey recorrían todo el país. Mataban a cada niño israelita que encontraban. La mujer decidió que tenía que esconderlo en un mejor lugar. Tomó unos juncos y tejió una canasta. Luego fue hasta el río y dejó la canasta flotando entre los juncos. María, la hermana del niño, se quedó escondida. Quería ver qué pasaría con él.

DÍA 57
Salvado por una princesa
Éxodo 2:5-10

Esa tarde, la hija del rey bajaba al río a bañarse. Cuando se acercó a la orilla vio que algo flotaba en el agua.
—Rápido, tráeme esa canasta —le dijo a una de sus sirvientas.
La sirvienta se metió en el río y le trajo la canasta. Se sorprendieron al ver que dentro de ella había un pequeño niño. Sus cachetes estaban rosados de tanto llorar.
—Pobrecito —exclamó la princesa—. Debe ser un niño israelita.
La princesa lo cargó y lo meció hasta que se durmió.

María vio todo desde cierta distancia. Se acercó a la princesa y le dijo:
—¿Quiere Su Majestad que llame a una mujer israelita para que alimente y cuide al niño?
Y ella contestó:
—Anda, ve a llamarla.
Así que María llevó a su pequeño hermano con su mamá. La mamá lo crio hasta que creció y la princesa lo pudo adoptar.
Luego se lo llevó a la princesa:
—Aquí tiene al niño —dijo la madre—. ¿Cómo lo nombrará?
La princesa dijo:
—Se llamará Moisés.

MOISES

DÍA 58
Moisés defiende a un esclavo

Éxodo 2:11-15

Moisés creció en el palacio. Tenía lo mejor de todo. A la hora de comer tenía mucha comida. Y solo usaba las mejores ropas. Un día Moisés salió del palacio a caminar. Vio a los esclavos israelitas trabajando bajo el ardiente sol. De pronto, vio que un amo egipcio maltrataba a un israelita. Moisés estaba furioso y se acercó para salvar al hombre que estaba siendo golpeado. Tomó al amo egipcio y lo mató con sus manos. Moisés intentó enterrar el cuerpo en la arena, pero alguien descubrió lo que había hecho. Todos comenzaron a hablar de Moisés. El rey estaba tan enojado que mandó buscar a Moisés para arrestarlo y matarlo. Moisés tuvo que huir. Moisés no se detuvo hasta cruzar la frontera y llegar a la tierra de Madián en el desierto.

DÍA 59
Jetró recibe a Moisés
Éxodo 2:16-21

Cuando Moisés llegó a Madián, estaba cansado y sediento. Se sentó cerca de un pozo para beber agua. En ese momento, las siete hijas de un sacerdote llamado Jetró venían al pozo para sacar agua para darles de beber a sus ovejas. Pero un grupo de pastores les dijeron que se fueran de allí. Entonces Moisés se ofreció para darles de beber a sus ovejas. Le agradecieron y volvieron a la casa de su padre.

—¿Por qué volvieron tan temprano? —preguntó el padre cuando ellas entraron. Ellas le dijeron que unos pastores les habían dicho que se fueran.

—Un egipcio nos defendió —explicaron ellas—. ¡Y también sacó agua del pozo y dio de beber a las ovejas!

—¿Por qué lo dejaron solo? —dijo Jetró—. ¡Vayan, invítenlo a comer con nosotros! Las muchachas fueron a buscarlo. Lo invitaron a que fuera a vivir con ellos. Así que Moisés se quedó con Jetró e incluso se casó con una de sus hijas llamada Séfora.

DÍA 60

La zarza ardiente

Éxodo 3:1-10

Un día Moisés cuidaba las ovejas de su suegro Jetró. Estaba caminando por el sendero cuando de pronto vio algo increíble. Vio que había una zarza que ardía en llamas. Cuando se acercó, se dio cuenta de que no se quemaba. Luego la voz de Dios lo llamó de entre la zarza y le dijo:

—Yo sé muy bien que mi pueblo Israel sufre mucho porque los egipcios lo han esclavizado. También he escuchado sus gritos pidiéndome ayuda, y he visto que sus capataces los maltratan mucho.

Por eso he venido a librarlos del poder egipcio. Los voy a llevar a una región muy grande y rica ¡tan rica que siempre hay abundancia de alimentos! Es Canaán, país donde viven pueblos que no me conocen. Así que prepárate, pues voy a mandarte a hablar con el rey de Egipto, para que saques de ese país a mi pueblo.

DÍA 61
Moisés hace milagros
Éxodo 3:11-18, 4:1-9

Moisés tenía miedo. Se tapó la cara con las manos. «¿Por qué yo?», le preguntó a Dios.

—No te preocupes —respondió Dios—. Yo estoy contigo. Tira la vara al suelo.

Moisés le obedeció. Cuando la vara tocó el suelo se convirtió en una serpiente.

—Moisés, ahora extiende la mano y agarra la serpiente por la cola —le dijo Dios.

Moisés se inclinó para agarrarla por la cola. La serpiente se convirtió otra vez en una vara.

Entonces Dios le dijo:

—Mete la mano entre tu ropa y tócate el pecho.

Moisés obedeció. Cuando sacó la mano estaba llena de llagas. Moisés tenía miedo, así que volvió a meter la mano entre su ropa y la volvió a quitar. Ahora estaba sana.

Dios le dijo:

—Estos milagros les mostrarán a todos que yo te envié para salvar a mi pueblo. Si después de ver estas dos señales no te creen ni te obedecen, ve al río Nilo, saca agua de allí, y derrámala en el suelo. Enseguida el agua se convertirá en sangre.

DÍA 62
Moisés y Aarón
Éxodo 4:10-31

—Señor —dijo Moisés. Si voy, el rey no me va a oír... ¡No sé hablar bien! Siempre que hablo, se me traba la lengua.
Dios le contestó:
—¡Pues ahí tienes a tu hermano Aarón. Aarón habla muy bien, y sabe convencer a la gente. Yo, por mi parte, les ayudaré a hablar y les enseñaré lo que deben hacer.
Así que Moisés y Aarón se encontraron en la montaña. Se saludaron con un beso. Moisés le contó a Aarón todo lo que Dios le había dicho. Aarón estuvo de acuerdo en acompañar a Moisés a ver al rey. Pero primero se reunieron con los líderes israelitas.
—Llegó la hora de que Dios saque a su pueblo de Egipto. Y Moisés es la persona escogida por Dios para guiarlos —les dijo Aarón.
Los líderes no les creyeron.
—Hemos estado como esclavos por cientos de años —les dijeron—. ¿Por qué va a librarnos Dios ahora?
Para mostrarles que era verdad, Moisés tomó su vara y la tiró al suelo. Los hombres se asombraron cuando se convirtió en una serpiente. Luego Moisés hizo los otros milagros. Los israelitas les creyeron a Moisés y a Aarón. Se inclinaron hasta el suelo y adoraron a Dios.

DÍA 63
Deja ir a mi pueblo
Éxodo 5:1-5, 7:3-13

Después de hablar con los israelitas, Moisés y Aarón fueron a ver al rey de Egipto y le dijeron:
—El Dios de los israelitas, envía este mensaje a Su Majestad: «Deja que mi pueblo Israel vaya al desierto».
Pero el rey ni siquiera les prestó atención.
—¿Y quién es ese Dios? ¿Por qué tendría yo que obedecerlo? —dijo el rey.
Aarón tiró la vara al suelo y se convirtió en serpiente. El rey pensó que se trataba de un truco. Llamó a sus magos y ellos usaron sus poderes para hacer serpientes con sus varas también. Luego la serpiente de Aarón se tragó a las otras. Pero Dios hizo que el rey se pusiera terco.
—¡Mejor vayan a trabajar! —les dijo a Aarón y Moisés—. ¡Miren a cuánta gente están distrayendo! No dejaré que su gente se vaya.

DÍA 64

Sangre y ranas

Éxodo 7:14-24, 8:1-11

Moisés y Aarón se fueron desanimados.
Pero Dios les dijo:
—Enviaré diez plagas sobre Egipto, una
tras otra. Estas horribles cosas no le
sucederán a los israelitas porque yo los
cuidaré.
Luego Dios les dijo a Moisés y a Aarón
que tomaran la vara y la sostuvieran
encima del río Nilo. Ellos obedecieron
y vieron cómo el agua se transformó en
sangre. Los peces se murieron y la gente
tenía que taparse la nariz por el horrible
olor que salía. No había ni una sola
gota de agua limpia en todo
Egipto. Cuando el rey vio esto
comenzó a preocuparse.
Pero aun así no dejó
que el pueblo se
fuera.
Luego Dios envió
una segunda plaga;
ranas. Iban saltando
y croando por todas
las calles y

hasta dentro de las casas. Ni siquiera
el rey podía escaparse de las ranas.
Saltaban en su mesa y dormían en su
almohada.
—Por favor, —les rogó el rey a Moisés
y a Aarón— pídanle a su
Dios que quite las
ranas, porque ya no
las soportamos.

Si lo hace, yo dejaré que el pueblo de Israel se vaya.

Moisés oró y Dios hizo que todas las ranas se murieran. Pero una vez que el rey vio que todo había vuelto a la normalidad, no dejó que el pueblo de Dios se fuera.

DÍA 65
Moscas y mosquitos
Éxodo 8:16-32

Dios le dijo a Moisés:

—Dile a Aarón que golpee con su vara el polvo del suelo de Egipto, para que se convierta en mosquitos.

Moisés y Aarón hicieron lo que Dios les ordenó. Y el cielo se volvió negro de la cantidad de mosquitos. Los mosquitos aterrizaban en los cabellos de las personas y cubrían los animales.

—¿Qué tiene esto de maravilloso? —dijo el rey—. Mis magos también pueden convertir el polvo en mosquitos.

Pero cuando los magos lo intentaron, no pudieron.

—¡Dios está haciendo todo esto! —le dijeron al rey.

Pero el rey no les prestó atención. Entonces, Dios le dijo a Moisés:

—Levántate mañana muy temprano, y cuando el rey baje al río le saldrás a su encuentro y le dirás de mi parte que deje salir a mi pueblo. Si no los deja ir, yo enviaré otra plaga sobre Egipto.

Ellos hicieron todo lo que Dios les ordenó. Pero tal como Dios les dijo, el rey no les hacía caso. Entonces Dios les envió millones de moscas que contaminaron todo Egipto. La gente las tenía que espantar todo el día. No podían trabajar y de noche no podían dormir.

El rey les prometió a Moisés y a Aarón:

—Haré lo que sea si sacan las moscas de aquí.

Entonces Moisés oró y Dios quitó las moscas. Pero el rey no decía la verdad. Aun así no dejó ir al pueblo de Dios.

DÍA 66
Enfermedad y llagas
Éxodo 9:1-12

Dios envió a Moisés a ver al rey otra vez.
—Si no deja ir al pueblo de Dios,
—dijo Moisés— Él hará que se enferme
gravemente todo su ganado.
El rey era muy terco. Aun así no dejaba ir
al pueblo de Dios.
Al día siguiente, Dios hizo que todo
el ganado de los egipcios se enfermara
gravemente y se muriera: sus caballos,
burros, vacas, ovejas y cabras. La gente
no tenía cómo conseguir carne o leche. Ya
no había camellos ni burros para llevar
las pesadas cargas. Y no tenían lana para
poder hacer ropa ni mantas.
Luego Dios les ordenó a Moisés y a
Aarón que tomaran ceniza del horno.
Entonces los envió a ver al rey. Moisés
lanzó la ceniza al aire y se convirtió en
una enfermedad. Los egipcios estaban
cubiertos de llagas. Su piel tenía manchas
como leopardo, y estaba roja y les picaba.
Hasta los magos del rey estaban tan mal
que no podían levantarse. Pero el rey no
quería dejar ir al pueblo de Dios.

DÍA 67
Granizo y langostas

Éxodo 10:1-20

Entonces Dios le dijo a Moisés:
—Levanta tus brazos al cielo. Enviaré unos granizos tan grandes y pesados, como no se han visto en toda la historia de Egipto.

Así que Moisés levantó sus brazos y el cielo se oscureció. Truenos rugían fuertemente. Los rayos relampagueaban en medio de las oscuras nubes hasta golpear el suelo. Luego Dios envió el granizo. El granizo era del tamaño de grandes piedras y golpeaban la tierra y aplastaban las cosechas. El rey estaba aterrorizado. Mando buscar a Moisés y Aarón y les dijo:
—Si hacen que pare de caer granizo, dejaré que los israelitas se vayan.

Pero después de que Dios detuviera el granizo el rey no cumplió su promesa.
—¿Hasta cuándo seguirá siendo tan orgulloso? ¿Cuándo va a obedecer a Dios? —le preguntó Aarón al rey—. Su gente sufre. Sus animales se murieron. Su país es un desastre.
—Está bien —dijo el rey—. Pero solo se pueden ir los hombres.

Moisés y Aarón rechazaron el ofrecimiento del rey. Sabían que Dios quería que todos se fueran de Egipto, no solo algunos. Entonces Dios envió un viento que trajo saltamontes. Los saltamontes se comieron todas las plantas y frutas que habían quedado en Egipto. Pero aun así el rey no dejó ir a los israelitas.

MOISÉS

DÍA 68
Oscuridad y muerte
Éxodo 10:21-26, 11:1-8

Entonces Dios le dijo a Moisés:
—Extiende el brazo hacia el cielo y ordena que todo Egipto se quede a oscuras.

Moisés extendió su brazo, y todo Egipto quedó a oscuras. Nadie podía ver nada. La gente se quedó en sus casas sin salir durante tres días. El rey llamó a Moisés y le dijo:
—¡Vayan!, pero dejen aquí sus ovejas y vacas.
—De ningún modo —contestó Moisés—. También nuestras vacas y ovejas deben ir con nosotros.

Entonces, Dios le dijo a Moisés:
—Voy a castigar al rey y a su pueblo una vez más. Después de ese castigo los dejará ir, y hasta los echará de su país para siempre.

Moisés fue a ver al rey y le dijo:
—Dios me manda decir a Su Majestad que cerca de la medianoche, Él recorrerá todo Egipto, y les quitará la vida a todos los primogénitos de los egipcios. Todos morirán, incluso el hijo mayor de Su Majestad. Y para demostrarles que es Dios quien distingue entre ustedes y los israelitas, de nosotros no morirá ni uno solo de nuestros primogénitos. Toda esta gente que está al servicio de Su Majestad vendrá a verme, y de rodillas me rogará que me vaya de Egipto y me lleve a mi pueblo.

MOISÉS

DÍA 69
Dios cumple su promesa
Éxodo 12:1-41

Dios les dijo a Moisés y a Aarón que le hablaran a su pueblo. Ellos dijeron:

—Llegó la hora de que Dios nos libere y saque de Egipto. Dios quiere que celebremos con una cena especial de Pascua. Cocinen un cordero y cómanlo con hierbas amargas y pan. Cuando terminen de cenar, tomarán un poco de sangre del animal y la untarán en el marco de la puerta de la casa. Tengan las sandalias puestas, y la vara en la mano, como si estuvieran apurados por salir. Les espera un largo viaje.

La gente hizo todo como ordenó Dios. Durante la noche, Dios pasó por las casas de los egipcios y les quitó la vida a todos los primogénitos. Pero no entró en las casas que tenían sangre en los marcos de las puertas.

Antes del amanecer, todo el país lloraba por los familiares que habían muerto. El hijo del rey también murió. El rey llamó a Aarón:

—¡Váyanse lejos de mi pueblo! —les dijo—. ¡Y no vuelvan más!

Todo sucedió como Dios dijo. Finalmente, ¡los israelitas eran libres! Moisés llamó al pueblo y por fin se fueron.

DÍA 70
La peregrinación
Éxodo 13:17-22, 14:1-4

Dios le mostró a su pueblo el camino que debía seguir. En ningún momento los dejó solos. De día los guiaba mediante una nube en forma de columna. De noche les alumbraba el camino con una columna de fuego. Los israelitas recorrieron un largo trayecto, y cuando llegaron a un lugar llamado Etam, cerca de la frontera, necesitaban descansar. Acamparon allí, pero Dios les dijo que volvieran y acamparan en otro lugar. Él quería que el rey y su ejército persiguieran a los israelitas. Les iba a mostrar su poder y ayudar a los israelitas a ganar. El pueblo le obedeció y todos acamparon donde Dios los guio. Luego armaron sus tiendas de campañas, ataron sus animales y se acostaron a dormir.

MOISÉS

DÍA 71
La persecución del rey
Éxodo 14:1-14

El rey de Egipto recibió las noticias de que los israelitas se habían ido de su país.

—¡Pero qué locura hemos hecho! —le gritó a sus hombres—. ¿Cómo pudimos dejar que los israelitas se fueran? Y ahora, ¿quién va a trabajar por nosotros?

Ya se había olvidado de las plagas que Dios les había enviado a los egipcios. Prepararon los carros de guerra. El rey y su ejército salieron a perseguir y a capturar a los israelitas. Finalmente los alcanzaron en el campamento. Cuando los israelitas vieron a lo lejos que el rey y su ejército venían persiguiéndolos, tuvieron mucho miedo y fueron a ver a Moisés:

—¿Por qué nos trajiste a morir en el desierto? —le reclamaron.

Pero Moisés sabía que Dios tenía un plan.

—¡Tranquilos, no tengan miedo! —les dijo—; ustedes no se preocupen, que van a ver cómo nuestro Dios los va a salvar.

MOISÉS

DÍA 72
El mar se separa en dos
Éxodo 14:15-31

Dios le dijo a Moisés:
—¡Ordena a los israelitas seguir adelante!
Toma la vara y extiende tu brazo sobre
el mar, para que se abra en dos; así
el pueblo podrá pasar por en medio,
caminando sobre tierra seca.
Entonces Moisés llevó al pueblo hacia
el mar. Cuando llegaron a la orilla,

Moisés estiró su vara. El mar
comenzó a partirse en dos,
formando dos grandes paredes a
cada lado. Los israelitas cruzaron el
mar. Los egipcios estaban admirados.
Fueron tras los israelitas en sus carros.
Una vez que Moisés llegó al otro lado del
mar, esperó hasta que todos cruzaran.
Entonces levantó su vara sobre el mar y
las olas volvieron a juntarse. El ejército
egipcio se ahogó con sus carros en las
grandes y espumosas olas.

MOISÉS

DÍA 73
Agua para el sediento
Éxodo 15:1-27

Los israelitas celebraron la victoria. ¡Dios los había salvado! Cantaban:
—«Voy a cantar en honor de mi Dios, pues ha tenido una gran victoria: ¡Hundió en el mar caballos y jinetes!».
La hermana de Moisés, María, comenzó a tocar la pandereta y a bailar y cantar. Las otras mujeres hicieron lo mismo y alababan a Dios con sus canciones. Después de regocijarse por varias horas, Moisés llevó al pueblo al desierto de sur. Caminaron durante tres días sin encontrar agua. La gente estaba cansada y tenía sed. Finalmente encontraron agua en un lugar llamado Mará. Pero cuando la probaron, la tuvieron que escupir. El agua era amarga y no se podía beber.
—¿Y ahora qué vamos a beber? —le preguntaron a Moisés.
Pero Moisés no lo sabía y oró a Dios. Dios le dijo que pusiera un arbusto en el agua amarga. Moisés hizo lo que Dios le dijo y el agua se volvió pura y dulce. El pueblo bebió hasta saciarse. Luego llenaron sus cantimploras y siguieron viaje.
Esa tarde, llegaron a un oasis con doce manantiales y setenta palmeras. Por la noche se quedaron a acampar allí.

93
MOISÉS

DÍA 74
Comida para el hambriento

Éxodo 16:1-18

Los israelitas caminaron por el desierto durante mucho tiempo. Iban a la montaña del Sinaí. El sol los golpeaba y se estaban quedando sin comida.

—Nos han traído a este desierto para matarnos de hambre —se quejaba el pueblo—. Hubiera sido mejor que Dios nos quitara la vida en Egipto. Allá por lo menos teníamos ollas llenas de carne, y podíamos sentarnos a comer hasta quedar satisfechos.

Entonces Dios le dijo a Moisés:

—Ya he oído cómo se quejan los israelitas, pero diles que ahora van a saber quién es su Dios. Por la tarde les daré a comer carne, y por la mañana les daré a comer pan.

Aquella misma tarde llegaron al campamento muchas codornices. El pueblo las asó y comieron su deliciosa carne. Luego se acostaron a dormir. A la mañana siguiente, se despertaron con un sonido como si fuera lluvia. Cuando espiaron desde sus tiendas de campaña, vieron que todo el suelo estaba cubierto con unas migas blancas.

—¿Qué es esto? —se preguntaban.

Moisés les dijo:

—Este es el pan con que Dios los va a alimentar.

Los israelitas lo llamaron «maná». Era dulce como el pan con miel. La gente juntó el maná y comieron hasta saciarse.

DÍA 75
El pueblo duda de Dios
Éxodo 17:1-7

Dios guiaba al pueblo, que seguía viajando. Pero se habían quedado sin agua y tenían sed.

—¡Tenemos sed! ¡Danos agua! —le dijeron a Moisés—. ¿Quieres matarnos de sed?

Moisés no sabía cuándo iban a conseguir más agua. Inclinó su cabeza para orar:

—¿Qué voy a hacer con esta gente? Sé que son impacientes, pero es verdad que necesitan agua.

Dios le contestó:

—Quiero que lleves a los israelitas hasta la montaña de Horeb. Cuando llegues allá, golpea la roca con la vara. Así saldrá agua de la roca, y todos podrán beber.

Moisés confiaba en Dios y llevó al pueblo a la roca. Pero la gente se seguía quejando y decía:

—¿Es verdad que Dios está con nosotros? ¿Acaso Moisés habla en serio cuando nos dice que Dios nos dará agua?

95

MOISÉS

Finalmente llegaron a la roca. Moisés la golpeó con la vara y, tal como Dios había prometido, el agua comenzó a salir. La bebieron y recuperaron la fuerza otra vez. Pero incluso así dudaban de Dios. Entonces a ese lugar Moisés le puso por nombre Meribá, que significa «queja», y Masá, que quiere decir «duda».

DÍA 76
Al pie de la montaña del Sinaí

Éxodo 19:1-18

Habían pasado dos meses desde que los israelitas salieron de Egipto. La gente acampó al pie de la montaña del Sinaí. Moisés subió a la parte más alta de la montaña para orar a Dios.

Dios le dijo:

—Diles a los israelitas lo siguiente: «Los he traído con el mismo cuidado que tiene un águila cuando lleva a sus polluelos sobre sus alas. Si ustedes obedecen mi pacto serán mi pueblo preferido entre todos los pueblos de la tierra».

Moisés bajó de la montaña y le contó al pueblo lo que Dios le había dicho, y la gente prometió amar y obedecer a Dios. Se quedaron en el campamento tres días más y celebraron la bondad de Dios.

En el cielo se oían truenos y se veían relámpagos; y una nube oscura cubría la montaña del Sinaí. La gente oyó como un sonido fuerte de trompeta. Moisés reunió a todo el pueblo y lo llevo al pie de la montaña. Miraron hacia arriba y vieron que había fuego en la parte alta de la montaña. Luego Dios le dijo a Moisés que subiera para hablar con él.

MOISÉS

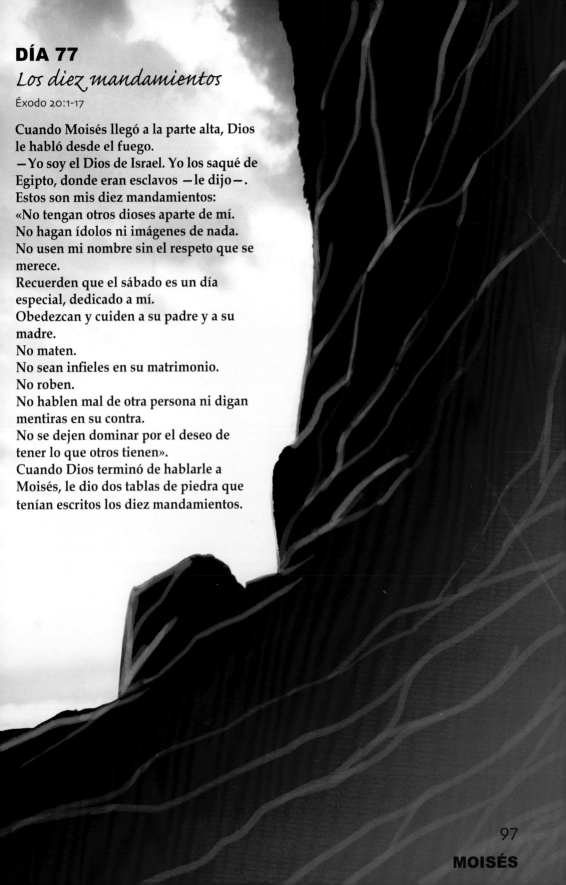

DÍA 77
Los diez mandamientos
Éxodo 20:1-17

Cuando Moisés llegó a la parte alta, Dios
le habló desde el fuego.
—Yo soy el Dios de Israel. Yo los saqué de
Egipto, donde eran esclavos —le dijo—.
Estos son mis diez mandamientos:
«No tengan otros dioses aparte de mí.
No hagan ídolos ni imágenes de nada.
No usen mi nombre sin el respeto que se
merece.
Recuerden que el sábado es un día
especial, dedicado a mí.
Obedezcan y cuiden a su padre y a su
madre.
No maten.
No sean infieles en su matrimonio.
No roben.
No hablen mal de otra persona ni digan
mentiras en su contra.
No se dejen dominar por el deseo de
tener lo que otros tienen».
Cuando Dios terminó de hablarle a
Moisés, le dio dos tablas de piedra que
tenían escritos los diez mandamientos.

DÍA 78
Las promesas de Dios para Israel
Éxodo 23:20-33

Dios también le dijo:
—Yo enviaré a mi ángel para que los proteja y los guíe en el camino que habrán de seguir para llegar al lugar que les he preparado. Mi ángel los llevará al país de Canaán, donde ahora viven muchos pueblos, a los cuales destruiré por completo. Adórenme, pues yo soy su Dios. Yo los bendeciré con abundantes alimentos. Nunca dejaré que se enfermen ni que mueran siendo jóvenes. Todas las mujeres de Israel podrán tener hijos, y todos sus hijos nacerán bien.
Estas son las cosas que Dios les prometió a Moisés y al pueblo de Israel.

DÍA 79
El pueblo promete obedecer a Dios
Éxodo 24:4-11

Moisés escribió allí todo lo que Dios le dijo. Tenía muchas ganas de contarle todo al pueblo de Israel. Pero primero quería construir un altar para adorar a Dios. Al día siguiente, se levantó muy temprano y colocó doce piedras que representaban a las doce tribus de Israel. Luego quemó ofrendas especiales y sacrificó unos toros. Finalmente llamó a todo el pueblo. Les leyó los diez mandamientos de Dios. Cuando terminó, la gente gritó:
—Cumpliremos todo lo que Dios nos ha ordenado.

Moisés tomó la sangre de los sacrificios y
la roció sobre el pueblo.
—Esta sangre confirma el pacto que Dios
ha hecho con ustedes —les dijo.
Luego Moisés subió a la montaña con
Aarón y otros líderes. Allí se vieron con
Dios. Bajo los pies de Dios había algo
como un piso de cristal azul, brillante
como el sol.
Los jefes de Israel estaban admirados.
Ellos pensaban que si miraban a Dios
iban a morirse. Pero no se murieron, así
que se quedaron en la montaña, comieron
y bebieron.

DÍA 80
El becerro de oro

Éxodo 32:1-12

Como Moisés tardaba mucho en bajar de la montaña del Sinaí, los israelitas estaban impacientes.
—¿Por qué tarda tanto? —se quejaban—. Tal vez se murió allí arriba y no lo sabemos.
La gente fue a ver a Aarón y le dijeron:
—Es mejor que nos hagas un dios, para que sea nuestro guía y protector.

Entonces Aarón les pidió que le llevaran las joyas de oro. Aarón, las fundió y le dio forma de becerro. El pueblo comenzó a adorar al becerro como a un dios.

—¡Israel, aquí tienes a tu Dios que te sacó de Egipto! —decían mientras festejaban y bailaban alrededor del becerro de oro, y se inclinaban ante él.

Luego comieron y bebieron y celebraron a su nuevo dios.

Dios vio esto y se enojó.

—Baja ya de la montaña —le dijo a Moisés—. El pueblo se está portando muy mal. Se han olvidado de obedecerme. ¡Estoy tan enojado que voy a destruirlos a todos!

Moisés trató de calmar a Dios, y le dijo:

—Dios mío, ¡no destruyas a tu pueblo! No permitas que los egipcios se burlen de ti, y digan: «Dios los ha engañado, pues los sacó para matarlos en las montañas».

DÍA 81
Moisés destruye al ídolo
Éxodo 32:15-20

Moisés comenzó a bajar de la montaña del Sinaí con los diez mandamientos. Finalmente llegó al pie de la montaña donde el pueblo estaba bailando alrededor del becerro de oro y adorándolo.

—¿Por qué adoran a una estatua inerte? —gritó Moisés—. El único Dios verdadero está con ustedes. ¿Acaso ya se olvidaron de él?

Moisés se enojó tanto que allí mismo arrojó contra el suelo las tablas de la ley y las hizo pedazos. Luego fue y echó el becerro al fuego, lo molió hasta hacerlo polvo, y mezcló el polvo con el agua. Entonces les ordenó a los israelitas que bebieran el agua. No quería que quedara

101

ningún rastro de ese ídolo falso. Esa noche
Moisés oró por el pueblo. Le pidió a Dios que
perdonara sus pecados. Dios escuchó la oración
de Moisés y prometió cuidar al pueblo
de Israel.

DÍA 82
Dios muestra su misericordia

Éxodo 33:12-20

Moisés oró a Dios:
—Tú me ordenaste guiar a este pueblo, pero no
me dijiste quién me ayudaría a hacerlo. Dime
qué piensas hacer, para que yo también llegue
a amarte y tú sigas confiando en mí. No olvides
que este pueblo es tuyo y no mío.
Dios le contestó:
—Yo mismo voy a acompañarte y te haré estar
tranquilo.
Moisés le dijo:
—Acompáñanos, y seremos diferentes de los
otros pueblos de esta tierra.
Dios le respondió:
—Está bien, voy a acompañarlos, porque
realmente te amo y confío en ti.
Entonces Moisés le dijo a Dios:
—Permíteme verte.
Pero Dios le respondió:
—No podrás ver mi rostro. Quédate junto a la
roca que está a mi lado. Cuando pase yo delante
de ti, te colocaré en un hueco de la roca y te
taparé los ojos con mi mano, hasta que haya
pasado. Después quitaré mi mano, y podrás ver
mi espalda; pero mi rostro no lo verás.
Después de cuarenta días y cuarenta noches en la
montaña, Moisés finalmente volvió con el pueblo
de Israel con dos tablas nuevas. La gente estaba
sorprendida y no se atrevían a acercarse a él. Su
rostro brillaba con la gloria de Dios.

MOISÉS

DÍA 83
Los diez mandamientos nuevos

Éxodo 34:1-10

Dios le dijo a Moisés:

—Tráeme dos tablas de piedra, como las que te di antes. En ellas escribiré las mismas leyes que estaban en las que rompiste. Prepárate para subir mañana temprano a la montaña del Sinaí. Quiero verte en la parte más alta. Nadie debe acompañarte.

Moisés hizo dos tablas de piedra. Al día siguiente las subió a la montaña. Dios bajó en una nube, y allí se reunió con Moisés.

—¡Soy el Dios de Israel! —le dijo—. Mi amor por mi pueblo es muy grande y estoy dispuesto a perdonar a quienes hacen lo malo.

Enseguida Moisés se inclinó hasta tocar el suelo con la frente, y oró diciendo:

—¡Dios mío! Si de veras me amas, acompáñanos. Acéptanos como tu pueblo.

Dios le respondió:

—Voy a hacer grandes milagros, como nunca antes se han visto en ningún país del mundo. Todos los países donde ustedes vivan verán lo que yo, el Dios de Israel, puedo hacer.

Moisés volvió a escribir los diez mandamientos en las tablas de piedra. Se quedó en la montaña por cuarenta días antes de volver donde estaba el pueblo de Israel.

103

MOISÉS

DÍA 84
La gente se queja de hambre

Números 11:4-19

El pueblo de Israel dejó el campamento en la montaña del Sinaí. Pero no habían viajado mucho cuando ya comenzaron a quejarse otra vez.

—¡Ojalá pudiéramos comer carne! ¿Se acuerdan del pescado que comíamos gratis en Egipto? ¡Y qué sabrosos eran los pepinos, los melones, y los ajos que allá comíamos! En cambio, ahora nos estamos muriendo de hambre, ¡y lo único que vemos es maná!

Dios oía todo lo que decían. No estaban agradecidos por la comida que él les daba.

Moisés oró a Dios diciendo:

—Yo soy tu servidor. ¿Por qué me obligas a soportar a este pueblo? ¡Yo no soy su padre ni su madre! Ellos vienen a mí llorando, y me piden carne. ¿De dónde voy a sacar tanta carne para que coma todo este pueblo?

Dios le respondió:

—Dile al pueblo que mañana comerán carne. Diles que ya escuché su llanto y sus quejas. Yo les voy a dar carne, hasta que se cansen de comerla.

DÍA 85
Dios envía codornices

Números 11:31-35

Dios hizo que desde el mar soplara un viento muy fuerte. Ese viento trajo muchísimas codornices y las lanzó sobre el campamento de los israelitas. Eran tantas que se podía caminar todo un día por el campo y encontrarlas amontonadas a casi un metro de altura. La gente se la pasó juntando codornices todo ese día, y toda la noche y el día siguiente. Las guardaban en sacos. Tomaban las más grandes y las ponían a secar. Pero antes de que pudieran comerlas, Dios se enojó con ellos. Había visto que muchos sólo pensaban en comer. Algunos no le habían dado las gracias a Dios antes de comer. Otros se quejaban que no tenían vino ni fruta para acompañar la comida. Entonces Dios envió una enfermedad sobre el campamento para castigarlos. Los que habían sido egoístas murieron. Los demás los enterraron. A ese lugar lo llamaron «tumbas del apetito». Luego levantaron campamento y fueron camino a Haserot.

MOISÉS

DÍA 86

María y Aarón tienen celos de Moisés

Números 12:1-15

Moisés era un humilde siervo de Dios. Nunca pensó en ser mejor que nadie. Pero su hermano y su hermana estaban celosos. María y Aarón hablaban mal de él.

—¿Acaso Dios le ha hablado solo a Moisés? —decían—. También nos ha hablado a nosotros.

Dios oyó lo que habían dicho, y se molestó al oírlo. Entonces Dios los llamó al santuario. Dios bajó en la columna de nube y se puso a la entrada del santuario.

—Óiganme bien —les dijo—. ¿Por qué se atreven a hablar mal de Moisés? Con Moisés, que es el más fiel de todos mis servidores, hablo cara a cara.

Dios se alejó de ellos porque estaba muy enojado.

Aarón vio a María y se asustó. Ella estaba blanca como la nieve. Dios hizo que le diera lepra. Aarón corrió a ver a Moisés y le dijo:

—Perdónanos, por favor, y no nos castigues por este pecado. Lo que hicimos fue una tontería. ¡Por favor, pídele a Dios que no la deje así!

Entonces Moisés le pidió a Dios que sanara a María, y Dios le contestó:

—La sanaré. Pero tendrá que quedarse siete días fuera del campamento. Ese será su castigo.

El pueblo de Israel se quedó en el campamento siete días hasta que María regresó.

106

MOISÉS

DÍA 87
Doce hombres son enviados a Canaán

Números 13:1-24

Dios le dijo a Moisés que escogiera un líder de cada tribu de Israel. Le dijo:
—Envía algunos hombres a Canaán para que exploren el territorio que les voy a dar.
Así que Moisés escogió doce hombres. Les dijo:
—Fíjense en el país y en la gente que allí vive. Vean si su territorio tiene árboles, si es bueno y da muchos frutos, y traigan de allá algo de lo que la tierra produce.
Los doce hombres fueron a Canaán. Atravesaron el desierto de Sin y llegaron hasta Hebrón. Allí vieron que vivían tres tribus. Luego fueron por un valle con unos grandes viñedos y árboles llenos de frutas. Los hombres cortaron una rama. El racimo era tan grande que debían cargarlo entre dos hombres. También llevaron granadas e higos. A ese lugar le pusieron por nombre Escol, que significa «racimo».

DÍA 88
Los doce hombres regresan

Números 13:25-33

Después de andar por el territorio durante cuarenta días, los doce hombres regresaron al campamento.
Canaán es un territorio muy fértil —le dijeron al pueblo—. Estos son los frutos que se dan allá.
Los hombres pasaron las uvas que habían traído.
—Lo malo es que la gente que vive allá es muy fuerte, y han hecho ciudades grandes y bien protegidas. Hay tribus junto el mar, en los valles y en el desierto. La gente comenzó a preocuparse.
—¡No podremos vencerlos! —decían—. Son muchos los que viven allí.
Pero Caleb no estaba preocupado. Él era uno de los jefes de los israelitas. —¡Vamos a conquistar ese territorio! —les dijo—. ¡Podemos hacerlo!
—¡No podremos vencer a gente tan poderosa! —dijeron los doce hombres—. ¡Los que viven allí son gigantes. ¡Ante ellos nos veíamos tan pequeños como grillos!

109

MOISÉS

DÍA 89
Moisés le habla al pueblo de Israel

Deuteronomio 8:1-18

Moisés oyó que la gente estaba dudando, así que les dijo:

—¿Acaso no quieren ir a la tierra prometida? No se olviden de que Dios los guio por un gran y terrible desierto, lleno de serpientes venenosas y de escorpiones, y que nada les pasó. Los ha hecho pasar hambre, pero les ha dado a comer pan del cielo. No olviden cómo sacó agua de una roca, cuando ustedes se morían de sed y no tenían nada que beber. Con esto Dios quiso enseñarles que, aunque les falte el alimento, pueden confiar en sus promesas y en su palabra, y tener vida. Miren que Dios les está dando una tierra excelente, llena de arroyos, fuentes y manantiales que brotan de los valles y las montañas. Esa tierra produce trigo, cebada, uvas y granadas. Allí nunca les faltará de comer, ni nada que puedan necesitar. Pero una vez que hayan comido y queden satisfechos, no se olviden de dar gracias a Dios. No se olviden de que Dios los sacó de Egipto, donde eran esclavos. Dios fue quien los liberó. Dios es quien les da fuerzas.

MOISÉS

DÍA 90
Los últimos días de Moisés

Deuteronomio 34:1-10

El pueblo siguió camino a un lugar llamado Moab.

Dios guio a Moisés al otro lado del río Jordán, mientras los demás se quedaban atrás. Lo llevó al monte Nebo. Desde la parte más alta Moisés podía ver el horizonte. Podía ver las ciudades al norte. Podía ver el mar Mediterráneo lejos hacia el oeste. Y podía ver los valles en el sur. Entonces Dios le dijo a Moisés:

—Este es el país que le daré a Israel. Así se lo prometí a Abraham, a Isaac y a Jacob, tus antepasados. He querido que lo veas, porque no vas a entrar en él. Es hora que vengas conmigo.

Moisés murió en Moab. Tenía ciento veinte años de edad. Los israelitas se quedaron treinta días en el campamento guardando luto por su muerte. Moisés había sido su líder y un servidor de Dios muy especial. Nunca nadie olvidó las cosas maravillosas que Moisés había hecho por el pueblo de Israel.

DÍA 91

Josué se convierte en el líder de los israelitas

Josué 1:1-9

Josué había sido ayudante de Moisés. Dios le dijo a Josué:

—Ahora que Moisés ha muerto, te toca a ti guiar al pueblo de Israel al territorio que les voy a dar. Yo les entregaré todo territorio donde pongan el pie.

Luego le dijo:

—Yo te ayudaré, así como ayudé a Moisés. Debes ser fuerte y valiente. Así podrás obedecer siempre todas las leyes que te dio mi servidor Moisés. Nunca dejes de leer el libro de la Ley; estúdialo de día y de noche, y ponlo en práctica, para que tengas éxito en todo lo que hagas. Yo te ayudaré por dondequiera que vayas.

Entonces Josué se convirtió en el nuevo líder del pueblo de Israel.

DÍA 92

Las tribus del este prometen ayudar

Josué 1: 10-16

En el campamento, Josué preparaba al pueblo para marchar hasta la tierra prometida.
—Preparen alimentos —les dijo—. Porque dentro de tres días cruzaremos el río Jordán y ocuparemos el territorio que nuestro Dios nos va a dar.
Luego Josué se reunió con los jefes de las tribus del este de Israel.
Les dijo:
—Recuerden que nuestro Dios dijo que les daría este territorio para que vivan en paz. Pero todos los hombres que tengan armas deberán cruzar el río y ayudar al resto del pueblo. No descansen hasta que hayan conquistado el territorio que Dios les dará a ellos, tal como se lo ha dado a ustedes. Una vez que ellos tengan su territorio, ustedes podrán regresar y vivir en la tierra que Moisés les ha dado al este del río Jordán.
Las tribus del este le prometieron a Josué que iban a ayudar.

113

JOSUÉ

DÍA 93
Rahab ayuda a los espías
Josué 2:1-7

Josué envió a dos hombres para que espiaran el territorio de Canaán, y la ciudad de Jericó. Ellos conocieron a una mujer llamada Rahab. Ella amaba a Dios y permitió que los hombres se quedaran en su casa. Pero alguien los descubrió. Allí pasaron la noche.

—Unos hombres israelitas vinieron a espiarnos —le dijeron al rey de Jericó—. Se están quedando en la casa de Rahab. Así que el rey envió sus soldados para que arrestaran a los hombres. Los soldados llegaron a la casa de Rahab y le golpearon la puerta. Pero Rahab era muy inteligente y ocultó a los espías debajo de unas plantas. Luego fue a abrir la puerta.

Los soldados le dijeron:

—¿Dónde están los espías que estás escondiendo? Vinimos a arrestarlos.

—Estuvieron aquí —dijo Rahab—. Pero ya se fueron. Si se apuran tal vez los agarren. Entonces los soldados se fueron y buscaron por el camino que está cerca del río Jordán.

DÍA 94
Rahab pide un favor
Josué 2:8-14

Mientras tanto en Jericó, Rahab les dijo a los espías:

—Ya pueden salir. Los soldados ya se fueron.

Luego les dijo:

—Yo sé que Dios les ha entregado a ustedes este territorio, y todos tenemos miedo, especialmente los gobernantes. Sabemos que, cuando salieron de Egipto, Dios secó el Mar de los Juncos para que ustedes pudieran cruzarlo. ¡Prométanme que salvarán a todos mis familiares! Que tratarán bien a toda mi familia, así como yo los he tratado bien a ustedes.

Los espías le contestaron:

—¡Que Dios nos quite la vida si les pasa algo a ustedes! Pero no le digas a nadie que estuvimos aquí. Cuando Dios nos dé este territorio, prometemos tratarte bien a ti y a toda tu familia.

JOSUÉ

DÍA 95

Los espías se escapan

Josué 2:15-24

Rahab ató una soga desde la ventana de arriba. La soga llegaba hasta el piso. Les aconsejó a los espías:

—Escóndanse en los cerros para que la gente del rey no los encuentre. Quédense allí tres días, hasta que ellos regresen; y después de eso, sigan su camino.

Los espías le agradecieron a Rahab y comenzaron a bajar por la soga. Pero antes de bajar volvieron y le dijeron:

—Te hemos hecho un juramento, y lo cumpliremos. Cuando lleguemos a este territorio, esta soga roja tiene que estar atada a la ventana por donde vamos a bajar. Así recordaremos no hacerles daño.

Los espías se fueron de Jericó y se escondieron en los cerros. Los soldados del rey nunca los encontraron. Cuando los espías llegaron al campamento de Israel, le contaron todo Josué y al pueblo.

—¡Todos los gobernantes de Jericó están muertos de miedo! —dijeron ellos—. Estamos seguros de que Dios nos ha dado a Jericó.

DÍA 96
El Arca de la Alianza

Josué 3:1-7

Al día siguiente, muy de mañana, Josué y todos los israelitas levantaron el campamento y avanzaron hasta el río Jordán. Acamparon allí, al lado del agua. Los jefes fueron por todo el campamento dándole instrucciones a la gente.
—Cuando vean a los sacerdotes salir con el Arca de la Alianza, levanten campamento y síganlos —les decían a la gente—. Ellos los guiarán porque ustedes no conocen el camino.

Josué, por su parte, le dijo a todo el pueblo:
—¡Prepárense para presentarse ante Dios! Mañana Dios hará un gran milagro entre nosotros.
Después les dijo a los sacerdotes que cargaran el Arca de la Alianza hasta el río Jordán. Ellos le obedecieron y cargaron el Arca de la Alianza sobre sus hombros.
Luego Dios le dijo a José:
—Lo que voy a hacer hoy convencerá a todo el pueblo de Israel de que estoy contigo como estuve con Moisés, y te reconocerán como líder.

DÍA 97
Los israelitas cruzan el río Jordán
Josué 3:9-17, 4:10-18

—Dios nos ha prometido que, a medida que avancemos, él irá desalojando a todos los habitantes de Canaán —dijo Josué—. Ustedes verán que el Dios vivo nos acompaña. Cuando los sacerdotes que llevan el Arca toquen el agua con la planta de sus pies, el río Jordán dejará de correr, y el agua se acumulará como formando una gran pared.

Entonces los sacerdotes llevaron el Arca al agua. Y así como dijo Josué, el agua dejó de correr y se acumuló. Los hombres caminaban por el medio del río donde estaba seco. Entonces el pueblo cruzó hasta el otro lado. Todos se alegraron. El pueblo finalmente había llegado a la tierra prometida.

DÍA 98
El monumento

Josué 4:1-9

Dios le dijo a Josué:
—Elige doce hombres, uno de cada tribu, y diles que vayan al medio del Jordán y que tomen doce piedras de allí y las lleven hasta el lugar donde van a acampar esta noche. Con estas piedras harán un monumento, y cuando sus hijos les pregunten qué significan, ustedes les dirán que Dios secó el río Jordán y llevó a su pueblo a la tierra prometida.

Josué obedeció y escogió doce hombres fuertes, uno de cada tribu. Ellos tomaron las doce piedras más grandes que encontraron. Las llevaron hasta el lugar donde acamparon.

Josué hizo que construyeran otro monumento. Pusieron doce piedras en el Jordán, en el lugar donde habían estado los sacerdotes que llevaban el cofre del pacto. Esas piedras todavía están allí.

121

DÍA 99
La batalla de Jericó

Josué 6:1-14

La gente de Jericó sabía que venían los israelitas. Se quedaron en sus casas, cerraron todas las ventanas y las puertas. Mientras tanto, el pueblo se acercaba a Jericó.

Dios le dijo a Josué lo que tenían que hacer:

—Tú y tus soldados marcharán alrededor de la ciudad una vez al día, durante seis días. Delante del Arca sagrada irán siete sacerdotes, cada uno de ellos con una trompeta. El séptimo día todos marcharán siete veces alrededor de la ciudad, mientras los sacerdotes tocan sus trompetas. Después de eso, ellos darán un toque largo. En cuanto lo oigan, todos los hombres gritarán con fuerza y los muros de la ciudad se vendrán abajo; entonces cada uno atacará.

Josué prestó atención al plan de Dios. Y cuando llegaron a Jericó, Josué le contó al pueblo lo que Dios había dicho. El pueblo estuvo de acuerdo.

—¡Comiencen a marchar! —les dijo.

Los sacerdotes iban delante con el Arca. Algunos tenían trompetas. El pueblo marchaba detrás de ellos. Las paredes de Jericó eran bien altas, pero el pueblo confiaba en el plan de Dios. Marcharon una vez cada día, durante seis días.

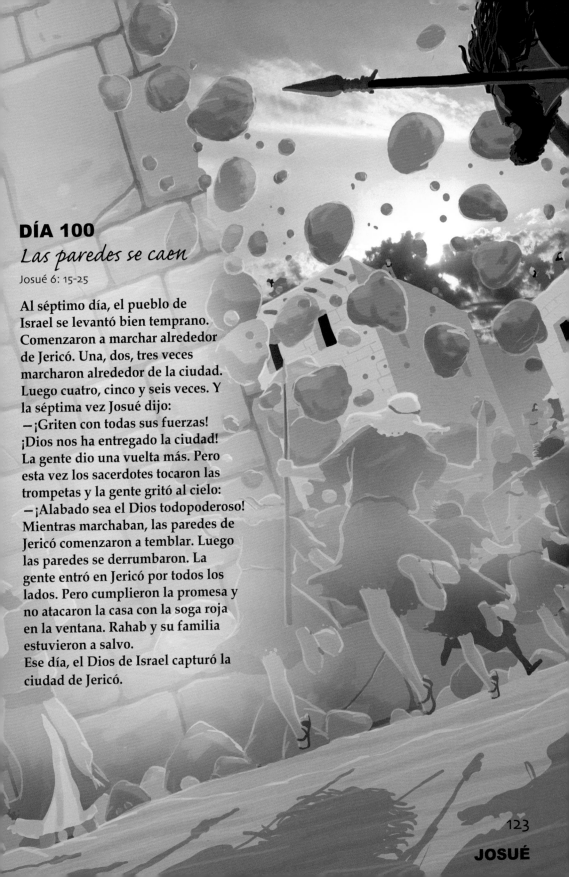

DÍA 100
Las paredes se caen
Josué 6: 15-25

Al séptimo día, el pueblo de
Israel se levantó bien temprano.
Comenzaron a marchar alrededor
de Jericó. Una, dos, tres veces
marcharon alrededor de la ciudad.
Luego cuatro, cinco y seis veces. Y
la séptima vez Josué dijo:
—¡Griten con todas sus fuerzas!
¡Dios nos ha entregado la ciudad!
La gente dio una vuelta más. Pero
esta vez los sacerdotes tocaron las
trompetas y la gente gritó al cielo:
—¡Alabado sea el Dios todopoderoso!
Mientras marchaban, las paredes de
Jericó comenzaron a temblar. Luego
las paredes se derrumbaron. La
gente entró en Jericó por todos los
lados. Pero cumplieron la promesa y
no atacaron la casa con la soga roja
en la ventana. Rahab y su familia
estuvieron a salvo.
Ese día, el Dios de Israel capturó la
ciudad de Jericó.

DÍA 101

Josué le ordena al sol que se detenga

Josué 10:1-15

El rey de Jerusalén, se enteró de Josué y la batalla de Jericó. Tenía miedo de que el pueblo de Israel conquistara Jerusalén. También supo que los gabaonitas habían hecho un acuerdo de paz con los israelitas. El rey sabía que los gabaonitas eran soldados muy valientes.

—¿Qué pasa si los gabaonitas ayudan a los israelitas a atacarnos? —se preguntaba el rey.

Entonces decidió pedirles ayuda a los reyes amorreos. Los amorreos atacaron Gabaón y tomaron a la gente como prisioneros. La gente de Gabaón le envió un mensaje a Josué diciendo: «¡No nos abandonen! ¡Sálvennos!»

Josué salió con todo su ejército. Lucharon contra los amorreos y los hicieron salir corriendo por todos lados. Luego Dios envió una tormenta de granizo que mató a todos los enemigos. Josué vio que Dios estaba ayudando al pueblo de Israel. Y oró diciendo:

—«Sol, no te muevas; quédate en Gabaón. Y tú, luna, espera en el valle de Aialón».

Y el sol se detuvo en el cielo por un día hasta que ganaron la batalla.

125

DÍA 102

Adoraremos y obedeceremos a Dios

Josué 24:14-28

Josué convocó al pueblo de Israel a una reunión.

—Respeten a Dios —les dijo—. Él es quien nos ayudó a ganar nuestras batallas. Obedézcanlo y sean fieles y sinceros con él. Estamos en una tierra nueva. La gente aquí adora ídolos y dioses falsos. Tendrán que decidir a quién van a adorar. Mi familia y yo hemos decidido dedicar nuestra vida a nuestro Dios.

El pueblo le respondió:

—Dios nos libró de la esclavitud de Egipto. Sabemos de los milagros que él hizo, y de cómo nos ha protegido al pasar por muchas naciones hasta llegar aquí. Por eso obedeceremos a nuestro Dios.

Josué les dijo:

—Si le son infieles no los va a perdonar. Desháganse de esos dioses que todavía tienen, y prometan ser fieles al Dios de Israel.

Entonces Josué tomó una piedra grande y la puso debajo de un árbol de roble.

—Esta piedra que ven aquí —le dijo a todo el pueblo—, la pongo para recordarles que deben ser fieles a nuestro Dios.

El pueblo dijo:

—Obedeceremos a Dios.

Entonces Josué hizo un pacto entre Dios y el pueblo de Israel. Luego envió a cada uno a sus casas.

DÍA 103
El pueblo de Dios llega a la tierra prometida

Josué 21: 43-45

Los israelitas se instalaron en la tierra que Dios les había prometido. Era hermosa y rica, como les había dicho Dios. Algunas de las tribus de Israel se instalaron en los valles. Otros a lo largo del mar. Pero dondequiera que iban, Dios siempre estaba con ellos. Tenían una buena tierra para cultivar y mucha comida para comer. Sus familias crecieron y crecieron. Cuando los israelitas tenían que luchar, Dios los ayudaba a ganar. Dios le hizo muchas promesas al pueblo de Israel y cumplió cada una de ellas.

128

JOSUÉ

DÍA 104
El discurso de despedida de Josué

Josué 23: 1-14

Josué vivió muchos años. Era un buen líder. Mientras vivió, el pueblo de Israel tuvo paz. Antes de morir, llamó a todos los jefes de Israel a una reunión.
—Ustedes han visto todo lo que nuestro Dios ha hecho en favor de ustedes —les dijo—. Dios mismo ha luchado por ustedes. Les he dado a sus tribus todo el territorio que ya hemos conquistado, y también el de las naciones que todavía falta conquistar.

Luego les dijo:
—Pronto moriré, como todo el mundo. Ya no estaré aquí para guiarlos, así que recuerden que deben obedecer a Dios. Solo a Dios deben amar. Manténganse fieles a él. No tengan miedo. Cualquiera de ustedes puede luchar contra mil soldados, porque Dios está de su lado. Él pelea por ustedes y cumple todas sus promesas.

DÍA 105
Las tribus de Judá derrotan a sus enemigos

Jueces 1:1-15

Después de la muerte de Josué, los israelitas no tenían a nadie para guiarlos. Se estaban preparando para una batalla contra los cananeos. El pueblo le preguntó a Dios:

—¿Qué debemos hacer? ¿Cuál de nuestras tribus atacará primero a los cananeos?

—La tribu de Judá —respondió Dios—. A ellos les voy a dar ese territorio. Caleb era el jefe.

Reunió a los soldados. Entonces les dijo que el primer hombre en derrotar al enemigo podría casarse con su hija llamada Acsa. La tribu de Judá fue a pelear contra los cananeos. Otoniel era un soldado valiente de Judá. Conquistó la ciudad enemiga y ganó la batalla para el pueblo de Israel. Así como lo prometió, Caleb dejó que Otoniel se casara con su hija.

Después del casamiento, Acsa le dijo a Otoniel que le pidiera más tierra a su padre. Otoniel no lo hizo, así que Acsa fue a ver a su padre. Cuando Acsa se bajó del burro, Caleb sabía que algo no estaba bien.

—¿Qué necesitas, hija? —le preguntó.

—Necesito tu ayuda —le respondió ella—. Los terrenos que me has dado no tienen agua y están en el desierto, donde todo es seco y hace calor. Por favor, dame también manantiales.

Y Caleb le dio unos manantiales llamados manantial Alto y manantial Bajo.

130

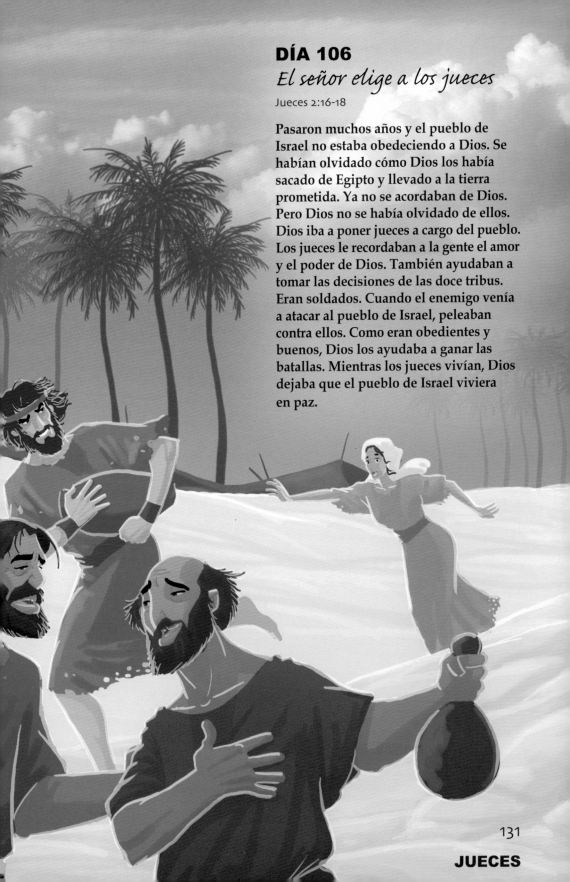

DÍA 106
El señor elige a los jueces
Jueces 2:16-18

Pasaron muchos años y el pueblo de
Israel no estaba obedeciendo a Dios. Se
habían olvidado cómo Dios los había
sacado de Egipto y llevado a la tierra
prometida. Ya no se acordaban de Dios.
Pero Dios no se había olvidado de ellos.
Dios iba a poner jueces a cargo del pueblo.
Los jueces le recordaban a la gente el amor
y el poder de Dios. También ayudaban a
tomar las decisiones de las doce tribus.
Eran soldados. Cuando el enemigo venía
a atacar al pueblo de Israel, peleaban
contra ellos. Como eran obedientes y
buenos, Dios los ayudaba a ganar las
batallas. Mientras los jueces vivían, Dios
dejaba que el pueblo de Israel viviera
en paz.

DÍA 107
Otoniel rescata al pueblo
Jueces 3:7-11

Dios les advirtió a los israelitas que tuvieran cuidado de no adorar a otros dioses. Pero eso fue lo que sucedió. Adoraron a los dioses de sus enemigos y se inclinaron ante ídolos. Dios se enojó y permitió que el rey de Mesopotamia los conquistara y gobernara por ocho años.

El rey hizo que los israelitas pagaran impuestos. Estaban pobres y miserables. Le pidieron ayuda a Dios. Dios amaba a su pueblo y les tuvo compasión. Dios escogió a Otoniel para que rescatara al pueblo. El espíritu de Dios actuó sobre Otoniel y este guio a los israelitas a la batalla contra el rey de Mesopotamia. Dios los ayudó a que vencieran a su enemigo. El pueblo se alegró y vivieron en paz por cuarenta años más.

DÍA 108
Dios escoge a Ehud
Jueces 3:12-20

Después de que murió Otoniel, los israelitas volvieron a desobedecer a Dios. Entonces Dios permitió que el rey Eglón gobernara a los israelitas durante dieciocho años. Eglón hizo que los israelitas pagaran muchos impuestos. El pueblo oró a Dios y él les respondió la oración. Perdonó a la gente. Esta vez escogió a un hombre llamado Ehud para que los rescatara del rey.

Ehud era un israelita de la tribu de Benjamín. Un día la gente envió a Ehud a ver al rey para llevarle el dinero de los impuestos. Pero antes de irse, Ehud escondió una espada filosa debajo de sus ropas. Ehud fue a ver al rey y le dijo:
—Su Majestad, tengo un mensaje secreto para usted.
Entonces el rey hizo que todos sus servidores salieran.

133

DÍA 109
Ehud mata al rey
Jueces 3:21-30

El rey le preguntó:
—¿Cuál es el mensaje de Dios que tienes para mí?
Ehud se acercó al rey como si le fuera a decir algo. Entonces sacó su espada y lo mató. Ehud se escapó por la ventana.

Los servidores que estaban esperando afuera comenzaron a preocuparse. —¿Por qué demora tanto? —se preguntaban. Finalmente derribaron las puertas y encontraron a su rey tendido en el piso y sin vida.

Ehud volvió corriendo donde estaban los israelitas. Tocó la trompeta para reunir al pueblo. Ellos salieron de sus casas a ver qué pasaba.

—¡Síganme! —les dijo—. ¡Con la ayuda de Dios venceremos a los moabitas! Entonces los israelitas lo siguieron hasta el valle del río Jordán. Lucharon contra sus enemigos y ganaron. El pueblo de Israel vivió en paz por ochenta años más.

135

DÍA 110

Débora y Barac

Jueces 4:1-9

Después de la muerte de Ehud, los israelitas volvieron a pecar contra Dios. Dios permitió que los venciera Jabín, un

rey cananeo. Jabín tenía un gran ejército. El jefe del ejército era un hombre que se llamaba Sísara. Era cruel y violento con los israelitas. El pueblo volvió a orar a Dios pidiendo ayuda.

En esa época, Débora era jefe de los israelitas. Todos los días Débora se sentaba debajo de una palmera. La gente iba a verla para que le solucionara sus problemas. Dios le había dado mucha sabiduría. Era una profetisa de Dios y Dios le hablaba y le decía lo que tenía que hacer.

Cierto día, recibió un mensaje de Dios. Ella mandó llamar a Barac para que se encontrara con ella debajo de la palmera. Le dijo:

—Barac, tengo un mensaje de Dios para ti. Dios te ordena reunir en el monte Tabor a diez mil hombres. Dios hará que Sísara, el jefe del ejército de Jabín, vaya

al arroyo Quisón para atacarte con sus soldados y sus carros. Pero Dios les dará a ustedes la victoria.

Barac le respondió:

—Iré solamente si tú me acompañas.

—Está bien, te acompañaré —le dijo ella—. Pero quiero que sepas que no serás tú quien mate a Sísara. Dios le dará ese honor a una mujer.

137

DÉBORA

DÍA 111

Dios lucha por el pueblo de Israel

Jueces 4:10-24, 5:1-31

Débora y Barac llevaron al ejército hasta el monte Tabor. Sísara se enteró de que Israel se preparaba para la batalla.

—Vámonos —les dijo a sus soldados—. Los israelitas creen que hoy nos podrán vencer.

Los soldados se reían y se burlaban de los israelitas mientras se subían a sus carros de hierro.

Entonces Débora le dijo a Barac:

—¡En marcha, que hoy Dios te dará la victoria sobre Sísara! ¡Y Dios mismo va al frente de tu ejército!

Barac bajó del monte Tabor con las tropas. Sísara y sus hombres los estaban esperando allí abajo. Durante la batalla, Dios peleó por los israelitas. Dios causó confusión entre los carros y los soldados de Sísara e hizo que tuvieran miedo. Hasta el mismo Sísara trató de huir. Pero Barac y su ejército los persiguieron. Los cananeos ya no tenían poder sobre los israelitas. Aquel día Débora y Barac cantaron esta canción:

«Dios mío, que sean destruidos tus enemigos como Sísara, ¡pero que tus amigos brillen como el sol de mediodía!» Los israelitas tuvieron paz por unos cuarenta años.

138

DÉBORA

DÍA 112

Los madianitas le roban todo a los israelitas

Jueces 6:1-10

Los israelitas volvieron a pecar contra Dios. Comenzaron a adorar a otros dioses. Así que durante siete años Dios permitió que los madianitas dominaran a los israelitas. Los madianitas los maltrataban. Cada vez que los israelitas tenían algo sembrado, venían los madianitas y acampaban en los territorios de los israelitas. Dejaban que sus vacas y ovejas pastaran en sus campos hasta que no les quedara nada de trigo para comer. Los madianitas les robaban todo lo que podían a los israelitas. Eran tan malos que los israelitas se tuvieron que ir a esconder en los cerros y en cuevas.

—Sálvanos —le suplicaron a Dios. Entonces Dios envió un profeta para que les dijera:

—Yo soy el Dios que los sacó de Egipto, donde eran esclavos. No solo los libré de los egipcios sino también de todas las otras naciones que los maltrataban y robaban. Pero después de todo esto, todavía no me obedecen.

DÉBORA

DÍA 113

Dios escoge a Gedeón

Jueces 6:11-24

En aquel entonces Dios envió un ángel a la ciudad de Ofrá. El ángel se sentó debajo de un árbol de roble. Un hombre joven, llamado Gedeón, estaba cosechando trigo. El ángel de Dios se le apareció a Gedeón y le dijo:

—¡Qué fuerte y valiente eres! ¡Por eso Dios está contigo!

Gedeón le respondió:

—Si Dios está con nosotros, ¿por qué nos pasa todo esto? ¿Por qué no hace milagros como cuando nos libró de Egipto? Nuestros antepasados nos han contado las maravillas que Dios hizo antes; pero ahora nos ha abandonado, nos ha dejado caer en manos de los madianitas.

Esta vez Dios le habló a Gedeón y le dijo:

—Tú eres quien va a salvar a Israel.

—Pero mi Dios —le respondió Gedeón— ¿cómo podré librar a los israelitas? Mi grupo familiar es el más pobre de nuestra tribu, y yo soy el menos importante de toda mi familia.

Y Dios le contestó:

140

GEDEÓN

—Podrás hacerlo porque yo estaré contigo para ayudarte. Derrotarás a los madianitas como si derrotaras a un solo hombre.

Entonces Gedeón le dijo:

—Quiero estar seguro de que tú eres el Dios verdadero. Por favor, no te vayas, quiero ofrecerte de comer.

Gedeón preparó un cabrito. Puso la carne debajo de un árbol junto con algo de pan. Entonces Gedeón vio que el ángel, con la punta del bastón que tenía en la mano, tocó la carne y los panes. La ofrenda se prendió fuego y el humo subió hasta el cielo. Gedeón tuvo miedo.

Pero Dios le dijo:

—No tengas miedo.

Entonces Gedeón levantó un altar a Dios, y le puso por nombre «Dios es paz».

DÍA 114

Gedeón derriba el altar de Baal

Jueces 6:25-31

Esa misma noche, Dios le dijo a Gedeón:

—Ve al ganado de tu padre y toma el mejor toro. Derriba el altar de Baal. Luego construye un altar en mi honor.

Esa noche Gedeón se llevó a diez de sus sirvientes para que lo ayudaran. Pero tenía miedo de que alguien los viera. Así que lo hizo de noche mientras todos dormían.

A la mañana siguiente, la gente vio que el altar de Baal había sido derribado. Vieron, además, un nuevo altar dedicado a Dios. Estaban enojados y preguntaron:

—¿Quién habrá hecho esto?

—Fue Gedeón —dijo alguien.

La gente fue a la casa de Gedeón y su padre abrió la puerta.

141

—¡Trae aquí a tu hijo! —gritaron—. Lo
vamos a matar, porque ha derribado el
altar de Baal.

Joás no trató de esconderse de esta gente
furiosa, y no les tenía miedo.

—¡Ahora resulta que ustedes están de
parte de Baal, y lo quieren defender! —les
dijo—. Si Baal es dios, que se defienda
a sí mismo. Después de todo, el altar
derribado era suyo.

142
GEDEÓN

DÍA 115

Gedeón le pide una señal a Dios

Jueces 6:33-40

Los madianitas y otras naciones planeaban atacar al pueblo de Israel. Cruzaron el río Jordán y acamparon en el valle de Jezreel.

En ese momento, Gedeón fue guiado por el espíritu de Dios. Gedeón tocó la trompeta y mandó mensajeros por todo el territorio para unir todas las tribus de Israel. Formaron un ejército y se prepararon para pelear.

Gedeón estaba nervioso.

—Quiero saber si de veras me vas a usar, tal y como me dijiste —le dijo a Dios—. Voy a poner esta lana en el suelo. Si por la mañana la lana está mojada de rocío, sabré que de veras me vas a usar.

Al día siguiente Gedeón se levantó, exprimió la lana y sacó tanta agua que llenó un tazón. Pero Gedeón no estaba convencido.

Le dijo a Dios:

—Déjame, por favor, hacer una prueba más. Que esta vez la lana quede seca y el rocío caiga solo sobre el suelo.

Y eso fue lo que Dios hizo aquella noche. Cuando Gedeón vio esto le dio gracias a Dios. Dios había calmado sus temores nuevamente.

143

GEDEÓN

DÍA 116
Un ejército pequeño
Jueces 7:1-8

Al siguiente día, Gedeón y su ejército
fueron a un lugar llamado Harod.
Acamparon allí esa noche.
Dios le dijo a Gedeón:
—Hay demasiados soldados en tu ejército,
y van a pensar que la victoria sobre
los madianitas será de ellos y no mía.
Reúnelos y diles que cualquiera que
tenga miedo regrese a su casa.
De esta manera miles de hombres se
levantaron y se fueron. Pero todavía
quedaban diez mil.
Dios le volvió a hablar a Gedeón:

—Todavía hay
demasiados soldados.
Llévalos a tomar agua, para
que yo los ponga a prueba.
Allí te señalaré quiénes irán
contigo, y quiénes no.
Gedeón los llevó a tomar agua, y
Dios le dijo:
—Pon a un lado a los que se inclinen
para beber, y aparta a todos los que
saquen agua con las manos y la beban
como los perros.
Trescientos soldados recogieron agua
con las manos y todos los demás se
inclinaron para beber.
Dios le dijo entonces a Gedeón:
—Con estos trescientos soldados voy a
salvarlos. Todos los demás, pueden irse a
su casa.
Así que Gedeón se quedó con un ejército
de trescientos hombres.

GEDEÓN

DÍA 117
Gedeón espía al enemigo
Jueces 7:9-15

Esa misma noche Dios le ordenó a Gedeón:

—Levántate y ataca a los madianitas. Pero si tienes miedo de atacarlos, baja al campamento. Cuando oigas lo que están diciendo, perderás el miedo.

Gedeón tenía miedo. Entonces se fue con su sirviente, Fara, al campamento de los enemigos. Había miles de soldados por todos lados, parecían una plaga de saltamontes.

Un soldado dijo:

—Soñé que un pan de cebada venía rodando sobre nuestro campamento, y chocaba contra una tienda y la derribaba.

El otro soldado dijo:

—¡No cabe duda de que se trata del ejército de Gedeón! ¡Dios le va a dar la victoria sobre nuestro ejército!

Cuando Gedeón oyó el relato del sueño y lo que significaba, adoró a Dios. Luego volvió al campamento israelita y ordenó:

—¡Arriba todos! Dios nos va a dar la victoria.

DÍA 118
Antorchas y trompetas
Jueces 7:16-24

Gedeón les dio trompetas a cada uno de sus soldados. Luego les dio cántaros con antorchas encendidas. Les dijo:
—Al acercarnos al campamento madianita, fíjense en mí y hagan lo que me vean hacer. Cuando mi grupo y yo toquemos la trompeta, ustedes también hagan sonar las suyas y griten: «¡Por Dios y por Gedeón!».

Gedeón y los cien hombres que estaban con él se acercaron al campamento poco antes de la medianoche. Luego Gedeón les dio la señal tocando su trompeta. Los soldados hicieron sonar sus trompetas lo más fuerte que pudieron. Luego gritaron:
—«¡Al ataque! ¡Por Dios y por Gedeón!»
Y rompieron los cántaros que llevaban en las manos y levantaron las antorchas en alto.
Los madianitas oyeron los gritos y se cubrieron los oídos. La luz de las antorchas iluminaba sus caras de miedo.

GEDEÓN

Comenzaron a temblar. Tomaron sus espadas, pero Dios los confundió. Empezaron a luchar contra su propia gente. Algunos trataron de huir cruzando el río Jordán. Pero Gedeón tenía guardias en cada arroyo y río. Ni un solo hombre se escapó.

147

GEDEÓN

DÍA 119

Los israelitas le piden a Gedeón que sea su rey

Jueces 8:22-35

Cuando terminó la batalla, los israelitas habían ganado y todos celebraban. Daban vueltas alrededor de Gedeón y lo felicitaban.

—Nos has salvado —le dijeron—. Queremos que tú y tus descendientes nos gobiernen.

Gedeón les respondió:

—Ni mi hijo ni yo los gobernaremos. Quien los va a gobernar es Dios. Pero una sola cosa les pido; que cada uno me entregue los anillos de la gente que ha capturado.

Y la gente obedeció. Extendieron anillos, adornos, joyas y telas finas a los pies de Gedeón. Gedeón tomó todo el oro y lo derritió. Con eso hizo una estatua y la colocó en Ofrá, su ciudad. Todos los israelitas comenzaron a adorar esa estatua. Aun para Gedeón y su familia, la estatua resultó ser una trampa.

Pero mientras Gedeón vivió, hubo cuarenta años de paz en esa región.

DÍA 120
Abimelec intenta ser rey
Jueces 9:1-7

Dios permitió que Gedeón viviera por mucho tiempo. Tuvo setenta hijos, y uno de ellos se llamaba Abimelec. Después de que Gedeón muriera, Abimelec quería ser rey. Juntó a sus parientes, y les dijo:

—Convenzan a la gente de Siquem de que es mejor que los gobierne yo, que soy su pariente materno, y no los muchos hijos de Gedeón.

Y sus parientes estuvieron de acuerdo. Para asegurarse de que solo él sería rey, Abimelec decidió matar a todos sus hermanos. Contrató a bandoleros para que hicieran el trabajo. Fueron a la casa de sus hermanos y mataron a todos, menos a uno. Joatam era el hermano menor. Se escondió y logró escaparse. Luego subió a lo más alto del monte Guerizim. Abajo, se había reunido toda la gente. Desde allí gritó con voz muy fuerte:

—¡Oigan lo que voy a contarles! ¡Así tal vez Dios los oiga a ustedes!

DÍA 121
La fábula de Joatam

Jueces 9:7-57

—En cierta ocasión los árboles salieron a buscar a alguien que reinara sobre ellos —le dijo Joatam al pueblo—. Le pidieron al olivo que fuera su rey, pero el olivo les respondió: «Para ser rey de los árboles tendría que dejar de producir aceite». Le pidieron entonces a la higuera, pero la higuera les respondió: «Para reinar sobre los árboles tendría que dejar de dar higos». Luego le pidieron a la vid que reinara sobre ellos, pero ella les respondió: «Para reinar sobre los árboles tendría que dejar de producir vino». Entonces todos los árboles le pidieron al pequeño arbusto que fuera su rey, pero el arbusto, que estaba lleno de espinas, les respondió: «Si de veras quieren que sea yo su rey, vengan a refugiarse bajo mi sombra. De lo contrario, aunque soy pequeño, de mí saldrá fuego y consumirá a todos los árboles».

Luego Joatam exclamó:

—Mi padre peleó por ustedes y arriesgó su vida. En cambio, ustedes se han rebelado hoy contra la familia de mi padre al matar sobre una misma piedra a sus hijos. Si lo que hicieron hoy con Gedeón y su familia fue en verdad honesto y sincero, alégrense. Pero si no es así, que salga un fuego que los destruya a todos.

Cuando Jotam terminó de decir esto, huyó y no volvió más. Pero su fábula se volvió realidad. Abimelec se rebeló contra su pueblo y prendió fuego la ciudad. Mucha gente murió y, finalmente, Abimelec también murió.

DÍA 122
Los israelitas vuelven a pecar
Jueces 10:6-16

Dios estaba cansado de que los israelitas pecaran contra Él. Entonces dejó que los amonitas los dominaran. Los amonitas fueron crueles y maltrataron a todos los israelitas con su poder. No dejaban que los israelitas tuvieran su propia tierra y los hacían sentir de manera miserable. Entonces los israelitas le pidieron ayuda a Dios, y le dijeron:

—Hemos pecado contra ti al abandonarte para adorar a dioses falsos.
Dios les respondió:

—Yo siempre los libré de sus enemigos. A pesar de eso, ustedes volvieron a abandonarme para adorar a dioses falsos, así que ahora no los voy a salvar. ¡Vayan a pedirle ayuda a los otros dioses! ¡Ya que ustedes los eligieron, que ellos los saquen del problema!

Los israelitas volvieron a decirle a Dios:

—Reconocemos que hemos pecado, así que haz con nosotros lo que mejor te parezca. Pero, por favor, ¡sálvanos ya!
Quitaron entonces los dioses falsos que tenían, y volvieron a adorar a Dios. Y oraron a Dios pidiéndole perdón.

DÍA 123
Dios ayuda a Jefté
Jueces 11: 1-33

En aquel entonces vivía un hombre llamado Jefté. Era un valiente soldado. Viva en Galaad, pero sus hermanos los echaron de la casa porque era distinto a ellos. Le dijeron:

—Tú no tienes cabida aquí.
Entonces Jefté se tuvo que ir a vivir a la tierra de Tob. Los israelitas de Galaad se preparaban para luchar contra los amonitas. Pero necesitaban un líder.

Entonces se acordaron de Jefté.
Le suplicaron:
—Queremos que seas nuestro líder en la guerra contra los amonitas. Ven con nosotros.
Pero Jefté les respondió:
—¿Por qué ahora que están en problemas me vienen a buscar?
Y ellos le respondieron:
—Necesitamos que vengas con nosotros. Queremos que seas el jefe de todos los que vivimos en Galaad.
Jefté volvió con ellos para dirigir el ejército. Envió unos mensajeros al rey de los amonitas para que le dijeran:

—¿Qué tienes contra nosotros? ¿Por qué vienes a atacar mi territorio?
Pero el rey le respondió:
—Vengo a recuperar nuestras tierras.
Después de esto el espíritu de Dios actuó sobre Jefté. Juntó un ejército y atacaron a los amonitas. Conquistaron todas sus ciudades y vencieron a sus enemigos. El pueblo de Israel festejó, y nombraron a Jefté como su nuevo líder.

153

GEDEÓN

—Vas a quedar embarazada y tendrás un varón. Dedicarás tu hijo a Dios y nunca se le debe cortar el cabello.

Entonces Manoa le rogó a Dios:

—¡Dios mío, que venga otra vez ese hombre que mandaste!

Cuando la mujer estaba en el campo, el ángel se le apareció otra vez. Ella se fue corriendo a llamar a su esposo:

—¡Manoa! ¡Aquí está el hombre que vi el otro día!

Manoa se levantó y corrió al campo. El ángel de Dios le dijo:

—Tu esposa se debe cuidar porque va a tener un hijo muy especial.

Manoa y su esposa se inclinaron hasta tocar el suelo con la frente y adoraron a Dios. Quemaron una ofrenda. Luego el ángel subió al cielo con el humo.

Poco tiempo después, la mujer tuvo un hijo varón. Lo llamó Sansón.

DÍA 124
Nacimiento de Sansón

Jueces 13:1-24

Los israelitas vivieron en paz por muchos años. Luego volvieron a pecar contra Dios. Así que Él dejó que los filisteos los dominaran durante cuarenta años. Manoa era un hombre de Sorá. Su esposa no podía tener hijos. Pero un día un ángel se le apareció y le dijo:

DÍA 125

Sansón lucha contra un león

Jueces 14:1-9

Un día, cuando era un hombre joven, Sansón fue al pueblo de Timná. Allí vio a una joven filistea. Dios hizo que se enamorara de ella.

Cuando volvió, le dijo a sus padres:

—He visto a una joven filistea en Timná, y quiero casarme con ella.

Sus padres, entonces, le preguntaron:

—¿Por qué tienes que elegir como esposa a una mujer de entre los filisteos? ¿Es que no hay mujeres en nuestro pueblo?

—No, insistió Sansón—. Esa muchacha es la que me gusta.

Entonces sus padres lo acompañaron a Timná. Mientras iban caminando, Sansón se separó de ellos. Sansón vio un león. El león lo persiguió y lo atacó. Pero el espíritu de Dios actuó sobre Sansón. Tomó al león entre sus manos y lo despedazó como si fuera un cabrito. Pero no les dijo a sus padres lo que había sucedido.

Cuando llegaron, Sansón se vio con la mujer filistea. Le pidió que se casara con él. Sus padres hicieron los arreglos para el casamiento con la familia de la novia.

155

Luego Sansón y sus padres volvieron a su casa.

De regreso, Sansón vio el esqueleto del león muerto. Dentro del cuerpo había un enjambre de abejas. El panal tenía miel. Sansón tomó la miel con las manos y se fue comiéndola por el camino.

DÍA 126
Sansón dice una adivinanza

Jueces 14:10-19

Sansón hizo una despedida de soltero e invitó a treinta muchachos. Durante siete días celebraron una fiesta cada noche. La primera noche, Sansón les dijo.

—Les voy a decir una adivinanza. Si me dan la respuesta les daré a cada uno de ustedes un conjunto de ropa de fiesta. Pero si no la adivinan, cada uno de ustedes me tendrá que dar a mí un conjunto de ropa de fiesta.

—¡Dinos la adivinanza! —dijeron los jóvenes.

Entonces Sansón les dijo:

—Del devorador salió comida, y del fuerte salió dulzura.

Los jóvenes trataron de adivinar, pero no pudieron hacerlo. Pasaron tres días, así que los jóvenes fueron a ver a la prometida de Sansón y le dijeron:

—Averíguanos la solución de la adivinanza. Si no, te quemaremos a ti y a toda tu familia.

Ella fue a ver a Sansón, y le suplicaba para que le dijera la respuesta. Pero él se negaba a hacerlo. Ella le insistía cada día. Finalmente, él se lo dijo, y ella se lo contó a los otros hombres.

La última noche, los hombres le dijeron la respuesta.

—No hay nada más dulce que la miel, y nada más fuerte que un león.

Sansón se enojó mucho. Sabía que su prometida les había dicho la respuesta. Esa noche se fue a su casa a ver a sus padres. Estaba muy enojado como para ver a su prometida.

SANSÓN

DÍA 127

Sansón se venga

Jueces 14:20, 15:1-8

Una vez que se calmó, Sansón volvió a Timná a ver a su prometida. Le llevó un cabrito de regalo. Sansón vio al padre de ella y le dijo:

—Voy a entrar al cuarto de mi mujer. Quiero verla.

—Yo pensé que ya no la querías, así que la casé con otro.

Sansón estaba furioso.

—¡Ahora tengo más razones para acabar con los filisteos! —exclamó—.

Entonces fue y atrapó trescientas zorras, las ató por la cola, y les sujetó una antorcha. Luego soltó a las zorras en los campos de los filisteos, y así se quemó todo.

Cuando los filisteos vieron esto, preguntaron:

—¿Quién hizo esto?

—Fue Sansón —alguien dijo—. Se vengó porque su prometida se casó con otro.

Los filisteos fueron y quemaron a la prometida de Sansón y al padre de ella. Pero esto hizo que Sansón se enfadara aun más.

Fue a verlos y les dijo:

—¿Conque esas tenemos? ¡Pues no voy a descansar hasta acabar con todos ustedes! Y mató a cada uno de ellos con su espada. Luego Sansón se fue de Filistea y se escondió en una cueva en la peña de Etam.

157

SANSÓN

DÍA 128
Los filisteos buscan a Sansón

Jueces 15:9-20

Los filisteos buscaban por todos lados a Sansón. Lo querían matar. Así que invadieron la tierra de Judá, destrozando casas y arrasando los campos. Pero los filisteos no lo podían encontrar.

Un día, unos israelitas se encontraron con Sansón en la cueva de Etam, donde se estaba escondiendo.

—Sansón —le dijeron— los filisteos te andan buscando. Y si te encuentran aquí, nos van a castigar a nosotros también. Vamos a tener que entregarte a los filisteos.

Sansón sabía que tenían la razón.

—Sé que deben entregarme, y no lucharé con ustedes —les dijo—. Pero júrenme que no me matarán.

Entonces llevaron a Sansón al campamento de los filisteos. Cuando los filisteos vieron que habían capturado a Sansón, celebraron y salieron a su encuentro. En ese momento el espíritu de Dios llenó a Sansón de fuerza, y este reventó las sogas que le sujetaban los brazos y las manos como si fueran hilos viejos. Luego encontró una quijada de burro que todavía no estaba seca, y con ella mató a miles de filisteos. Dios le dio a Sansón su fuerza. Sansón volvió con los israelitas y fue su jefe durante veinte años.

DÍA 129
Sansón y Dalila

Jueces 16:4-15

Sansón se enamoró de una mujer llamada Dalila. Un día, un grupo de filisteos le fueron a decir:

—Engaña a Sansón, y averigua el secreto de su gran fuerza. Si logras averiguarlo, cada uno de nosotros te dará más de mil monedas de plata.

Cuando Sansón fue a visitarla, Dalila le preguntó:

—¿Cuál es el secreto de tu gran fuerza?

—Si me atan con siete cuerdas nuevas, perderé mi gran fuerza y seré como cualquier otro hombre —le respondió.

Cuando Sansón dormía, Dalila lo ató.

—¡Los filisteos te atacan! —gritó ella.

Sansón se despertó y rompió las cuerdas como si fueran hilos viejos.

—¡Me engañaste! ¿Qué hay que hacer para sujetarte?

—insistió Dalila.

—Si me atan con sogas nuevas, de las que se usan para atar ganado, perderé mi fuerza y seré como cualquier otro hombre —dijo Sansón.

Cuando Sansón se durmió, Dalila lo ató con sogas nuevas.

—¡Los filisteos te atacan! —gritó ella.

Pero Sansón rompió las cuerdas como si fueran hilos delgados.

—¡Volviste a engañarme! —le dijo Dalila—. ¿Por qué insistes en mentirme? Por favor, dime, ¿qué hay que hacer para sujetarte?

—Si tomas las siete trenzas de mi cabello y las entretejes entre los hilos de ese telar, y luego sujetas el telar fuertemente al suelo con estacas, perderé mi fuerza y seré como cualquier otro hombre —le dijo Sansón.

Cuando Sansón se durmió, Dalila entretejió las trenzas en el tejido del telar, y lo sujetó con estacas.

—¡Sansón! ¡Los filisteos te atacan! —le gritó.

Sansón se despertó, arrancó el telar con todo y estacas, y se libró.

Entonces Dalila exclamó:

—¿Cómo puedes decir que me amas, si me sigues engañando? ¡Ya es la tercera vez que te burlas de mí!

SANSÓN

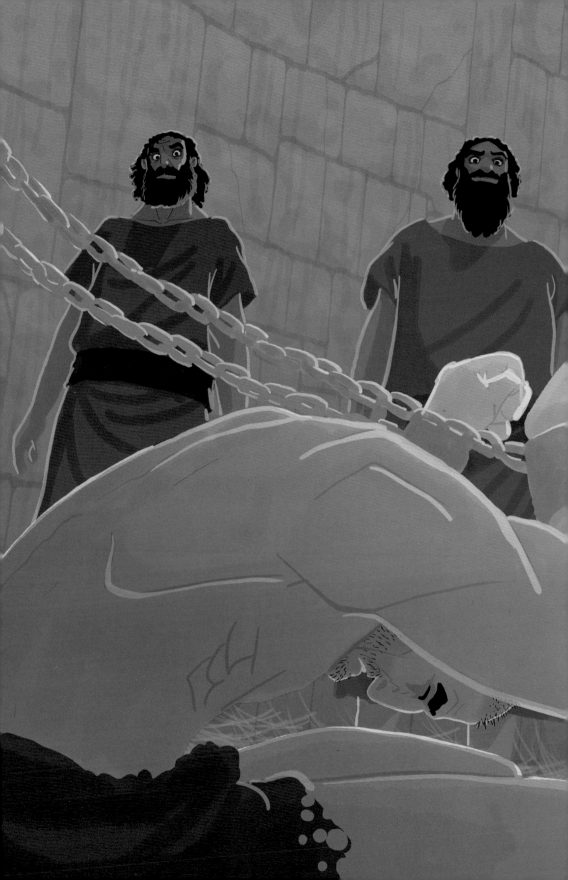

DÍA 130

Dalila le tiende una trampa a Sansón

Jueces 16:17-22

Sansón le dijo la verdad a Dalila.

—Dios me da la fuerza —le dijo—. Jamás se me ha cortado el cabello. Si me lo cortaran, perdería mi fuerza y sería como cualquier otro hombre.

Entonces Dalila le dijo a los filisteos:

—Vengan acá otra vez, porque ahora sí me ha dicho la verdad.

Los filisteos le pagaron a Dalila todo el dinero que le habían prometido. Luego fueron a su casa después de que Sansón se durmiera. Sansón estaba recostado en la falda de Dalila. Ella mandó llamar a los filisteos para que le cortaran todo el pelo. Después de esto, lo ataron con sogas.

Entonces Dalila le gritó:

—¡Sansón! ¡Los filisteos te atacan!

Sansón despertó y trató de librarse de las sogas, pero ya no tenía fuerza como antes. Los filisteos lo arrestaron y le sacaron los ojos para dejarlo ciego. Luego le pusieron cadenas y lo convirtieron en esclavo. Sansón se sentía miserable. Pero poco a poco, su cabello comenzó a crecer de nuevo.

DÍA 131
Sansón derrumba el templo

Jueces 16:23-30

Un día los jefes de los filisteos tenían una fiesta en el templo. Estaban comiendo y bebiendo y pasando un buen rato. Alguien gritó:

—Traigan a Sansón para burlarnos de él.

Un guardia lo fue a buscar y lo trajo al salón principal.

Sansón le pidió al guardia:

—Por favor déjame apoyarme entre dos columnas.

El guardia lo llevó hasta donde estaban las columnas. Sansón se paró en medio de las dos columnas mientras que los filisteos se reían y burlaban de él.

—¿Dónde está tu fuerza ahora? —le decían.

Sansón oró a Dios:

—Los filisteos se han burlado de mí sacándome los ojos, te ruego que me des fuerzas para vengarme de ellos.

Entonces Sansón apoyó sus dos manos sobre las dos columnas. Las columnas comenzaron a sacudirse y temblar.

—¡Que mueran conmigo los filisteos!
—oró Sansón.

Dios respondió su oración. Empujó las columnas con todas sus fuerzas, y el templo se vino abajo y aplastó a los filisteos.

SANSÓN

DÍA 132
Rut le es fiel a Noemí
Rut 1:1-19

Había una vez una mujer llamada Noemí.
Su esposo había muerto, pero tenía
dos hijos a quienes amaba mucho. Sus
hijos crecieron y se casaron con unas
mujeres buenas. Diez años después, los
dos hijos de Noemí murieron. Noemí
estaba descorazonada. Pero sus nueras se
quedaron con ella porque ella no tenía
más familia. Una se llamaba Orfa y la
otra, Rut.

En aquel entonces, había hambre en esas tierras. Las tres mujeres no tenían nada para comer. Entonces Noemí y sus nueras fueron a la tierra de Judá a conseguir comida.

En el camino, Noemí les dijo:

—Mejor regresen a vivir con sus familias.

—¡No queremos separarnos de ti! —le dijeron ellas.

—¿Para qué van a seguirme? —dijo Noemí—. Ya no tengo más hijos para que se casen con ustedes.

Entonces Orfa volvió con su familia, pero Rut se quedó con Noemí.

Rut le dijo a Noemí:

—No me pidas que te deje; ni me ruegues que te abandone. Adonde tú vayas iré, y donde tú vivas viviré. Tu pueblo será mi pueblo y tu Dios será mi Dios.

Noemí apretó la mano de Rut. Después caminaron juntas hasta llegar a Belén. Noemí había vivido allí muchos años antes. Todas sus amigas y familiares estaban allí. Cuando la vieron, dijeron:

—¡Miren, pero si es Noemí! ¡Y trajo a su nuera!

DÍA 133

Rut conoce a Booz

Rut 2:1-23

Rut le dijo a Noemí:

—¿Por qué no descansas? Yo iré a ver si encuentro algo para comer.

Entonces Rut fue a un campo donde unos hombres estaban trabajando. El campo era de un hombre llamado Booz. Era un familiar de Noemí. Era un hombre importante y rico, pero también era amable y tierno. Cuando vio a Rut en el campo, les preguntó a sus trabajadores quién era ella.

—Es la nuera de Noemí —respondieron—. Ha estado siempre junto a Noemí. Quiere juntar las espigas que se les caen a los trabajadores.

Booz llamó a Rut y le dijo:

—No vayas a recoger espigas en otros campos; quédate aquí. Les he ordenado a mis trabajadores que no te molesten.

Cuando tengas sed, ve y toma agua de las jarras que ellos han llenado.

Entonces Rut se inclinó hasta tocar el suelo con la frente, y le preguntó a Booz:

—¿Por qué es usted tan amable conmigo?

—Porque has sido tan buena con mi pariente Noemí. Sé que dejaste a tu familia y tu país para venir a vivir con nosotros ¡Que Dios te premie por todo lo que has hecho!

Rut estuvo recogiendo espigas todo el día. Cuando regresó a ver a Noemí, le dolía la espalda y sus brazos estaban hinchados. Pero tenían comida.

—Hija mía, ¿recogiste todo esto del campo de Booz? —exclamó Noemí—. ¡Que Dios lo bendiga!

Booz permitió que Rut recogiera cebada y trigo en sus campos hasta que la cosecha terminara.

167

DÍA 134
Rut se casa con Booz
Rut 3:1-18, 4:1-17

Un día, Noemí le dijo a Rut:
—Todavía eres joven, y Booz ha sido tan bueno con nosotras. ¿Por qué no vas a la cama de Booz y te acuestas a sus pies. Así va a saber que quieres ser su esposa. Entonces Rut escogió sus mejores ropas y se perfumó. Luego fue al lugar donde Booz comía y bebía su comida. Rut lo observaba en secreto hasta que él se fue a dormir. Luego ella levantó la manta y se acostó a sus pies. Booz se despertó a medianoche. Sintió que alguien se movía a sus pies. —¿Quién eres? —preguntó Booz.
—Soy Rut —respondió ella—. Vine a ver si usted quiere casarse conmigo.
Booz era anciano, pero sus ojos brillaron. Le sonrió y le dijo:

—Rut, eres una buena mujer. Me pides que sea yo tu esposo, aunque bien podrías casarte con un hombre más joven que yo. Veo que eres fiel con tu familia. Booz se casó con Rut y toda la ciudad les dio su bendición. Rut quedó embarazada de un varón. Lo llamó Obed. Noemí era una abuela muy feliz. Pasaba horas meciendo al bebé en su falda. La gente del pueblo comenzó a llamarlo «niño de Noemí».

Cuando Obed creció, tuvo un hijo llamado Jesé. Y Jesé luego tuvo un hijo llamado David, el rey de Israel. Entonces, ¡Noemí fue la bisabuela de un rey!

DÍA 135
Ana le pide un hijo a Dios
1 Samuel 1:1-17

Ana era una mujer de Dios. Tenía un esposo llamado Elcaná. Pero Elcaná también tenía otra esposa llamada Peniná. Peniná tenía muchos hijos, pero Ana no tenía ninguno. Ana quería tener un hijo más que nada en el mundo. A Elcaná no le importaba. Él amaba a Ana más que a Peniná. Ana era amable y hermosa, y amaba a Dios con todo su corazón.

Un día Elcaná viajó con su familia hasta Siló para adorar a Dios. Sacrificó un animal para Dios. Luego le dio a sus esposas e hijos una parte de la carne. Como amaba más a Ana, siempre le daba la mejor parte. Peniná estaba celosa.

Entonces se burló de Ana, diciendo:

—Tener hijos es una gran alegría. Qué lástima que Dios no te dio ninguno.

Ana comenzó a llorar, y no podía comer la comida. Entonces fue al santuario y oró:

—Dios todopoderoso, mira lo triste que estoy. Si me das un hijo, yo te lo entregaré para que te sirva sólo a ti todos los días de su vida.

Helí era el sacerdote del santuario, y oyó la oración de Ana. Sus labios se movían, pero no le salían las palabras. Su oración era profunda en su corazón. Helí se acercó a Ana y puso su mano sobre su hombro.

—Vete tranquila —le dijo—. Y que el Dios de Israel te conceda lo que has pedido.

DÍA 136
Nacimiento de Samuel
1 Samuel 1:19-28, 2:18-21

Dios contestó la oración de Ana. Tuvo un hijo y lo llamó Samuel. Cuando Samuel era niño, Ana lo llevó al santuario en Siló. Vio a Helí y le dijo:

—Señor mío, hace tiempo yo estuve aquí, orando a Dios. Yo le pedí este niño, y Él me lo concedió.

Samuel espió por encima de la túnica de su madre y miró con timidez a Helí. Entones Ana dijo:

—Ahora se lo entrego, para que sirva a Dios todos los días de su vida.

Helí estuvo de acuerdo en quedarse con Samuel en Siló. Era como un padre para Samuel, y le enseñó acerca de Dios. Una vez al año, la madre de Samuel lo venía a visitar. Siempre le traía una túnica nueva a Samuel. Helí sabía que Ana amaba mucho a Samuel.

Helí bendijo a Ana y le dijo:

—Samuel nació en respuesta a tus oraciones. Hiciste lo correcto en dárselo a Dios. ¡Oro para que Dios te bendiga con muchos hijos más!

Dios fue bueno con Ana. Le dio tres hijos más y dos hijas.

SAMUEL

DÍA 137
Dios llama a Samuel

1 Samuel 3:2-18

Helí, el sacerdote, tenía dos hijos. Pero a sus hijos no les importaba el ministerio de Dios. Entonces Samuel era un gran compañero para Helí. Una noche, después de que se fueran todos a dormir, Samuel oyó que una voz lo llamaba.

Corrió a la habitación de Helí y dijo:

—Aquí estoy. ¿En qué puedo servirle?

Pero Helí le respondió:

—Yo no te llamé. Anda, vuelve a acostarte.

Samuel fue y se acostó, pero la voz volvió a llamarlo:

—¡Samuel, Samuel!

Él se levantó y fue de nuevo a donde estaba Helí.

—Aquí estoy. ¿En qué puedo servirle?

Helí le respondió:

—Yo no te llamé, hijo mío. Anda, vuelve a acostarte.

Samuel se acostó de nuevo, y la voz lo llamó por tercera vez.

—¡Samuel!

Samuel fue a ver a Helí por tercera vez.

—Aquí estoy. ¿En qué puedo servirle?

Pero esta vez Helí comprendió lo que sucedía.

Le dijo a Samuel:

—Si oyes otra vez que te llaman, contesta así: «Dime, Dios mío, ¿en qué puedo servirte?»

Samuel volvió a acostarse. Dios se le acercó y lo llamó:

—¡Samuel!

Y él contestó:

—Dime, Dios mío, ¿en qué puedo servirte?

Y Dios le dijo:

—Cumpliré contra la familia de Helí todo lo que he dicho. Él sabía que sus hijos me ofendían gravemente, y no hizo nada para corregirlos. Voy a castigar a su familia.

A la mañana siguiente Helí le preguntó a Samuel qué le había dicho Dios. Pero Samuel tenía miedo de que Helí se enojara. Pero igualmente le contó todo. Helí estaba triste, pero dijo:

—¡Que se haga la voluntad de Dios!

DÍA 138

Los filisteos capturan el Arca de la Alianza

1 Samuel 4:1-10

Samuel crecía y Dios siempre estaba con él. Era un profeta de Dios, y todos los israelitas lo respetaban.

En cierta ocasión, los filisteos estaban atacando a los israelitas. Iban por las casas prendiéndoles fuego y matando a familias. —¿Por qué dejó Dios que los filisteos nos derrotaran? —preguntaron los jefes de Israel—. ¡Vamos a Siló a traer el Arca de la Alianza! ¡Así Dios nos salvará de nuestros enemigos! Cuando trajeron el Arca al campamento de los israelitas, la gente gritó tan fuerte que hasta la tierra tembló.

—¿Por qué hacen tanto escándalo? —se preguntaban.

Entonces alguien les contó del Arca.

—¡Estamos perdidos! —dijeron los filisteos—. Esa es la misma Arca que guio a los israelitas cuando salieron de Egipto. ¡Peleen como hombres!

Los filisteos lucharon con todo su poder. Los israelitas perdieron la batalla. Ya no tenían suficientes soldados para cuidar el Arca de la Alianza.

Entonces los filisteos se la quitaron y se la llevaron a su campamento.

176

SAMUEL

DÍA 139
Los filisteos devuelven el Arca de la Alianza

1 Samuel 5:1-12, 6:1-15

Los filisteos pusieron el Arca que habían capturado al lado de una estatua de un dios que ellos adoraban llamado Dagón. Pero al siguiente día encontraron que la estatua de Dagón estaba tirada de cara al suelo.

—¿Quién hizo esto? —preguntaron. Pero nadie sabía. Entonces levantaron la estatua que estaba tirada y volvieron a ponerla en su lugar.

Al día siguiente, entraron en el templo y encontraron la estatua en el piso hecha pedazos frente al Arca de la Alianza. Dios hizo que les salieran sarpullidos a los filisteos. Su piel estaba cubierta por miles de llagas.

—El Dios de Israel nos ha castigado duramente —dijeron—. Esa Arca no debe estar entre nosotros.

Entonces enviaron el Arca a la ciudad de Gat. Pero a la gente de Gat también le salieron llagas en la piel.

—¡Llévense esa Arca a Ecrón! —dijeron. Pero la gente de Ecrón dijo:

—No, no lo queremos.

Así que pusieron el Arca en una carreta jalada por dos vacas.

—Si las vacas se van hacia Israel —dijeron—, podemos estar seguros de que fue el Dios de los israelitas quien nos causó tanto daño.

Los israelitas estaban trabajando en el campo cuando vieron que el Arca de la Alianza venía hacia ellos en una carreta. Corrieron a su encuentro como si fueran niños felices, riendo y cantando. Sabían que Dios estaba con ellos.

177

SAMUEL

DÍA 140
Samuel es jefe de Israel
1 Samuel 7:3-13

Samuel vio que los israelitas volvieron a confiar en Dios. Reunió a todos y les dijo: —Si de veras quieren volver a obedecer a Dios, dejen de adorar a los dioses ajenos. Adoren solamente a nuestro único y verdadero Dios. Así Él los librará del poder de los filisteos.

Luego Samuel hizo que se reunieran en un lugar llamado Mispá. Los israelitas fueron a adorar a Dios allí y a pedirle perdón por sus pecados. Pero los filisteos enviaron soldados a Mispá para atacarlos. Cuando los israelitas se enteraron, tuvieron miedo. Samuel se paró delante de todos y les dijo:

—¡Confíen en Dios! ¿Por qué dejaron de orar porque viene el enemigo? Entonces la gente oró mientras que Samuel quemó una ofrenda para Dios. Luego los filisteos llegaron a Mispá con sus espadas. Pero Dios les envió fuertes y espantosos truenos y los filisteos se llenaron de terror y salieron corriendo. Los israelitas los persiguieron y Dios los ayudó a vencerlos. Entonces Samuel hizo un monumento y dijo:

—Hasta aquí nos ha ayudado Dios.

179

DÍA 141
Los israelitas piden un rey

1 Samuel 8:1-22, 9:1-27, 10:1-16

Israel era distinta a las otras naciones porque los israelitas no tenían un rey. Dios era su rey. Pero la gente comenzó a quejarse y dijeron:

—¡Queremos tener un rey! ¡Queremos ser como las otras naciones!

Samuel era el profeta de Dios en Israel. Al oír esto se puso muy triste. Él sabía que no había ningún rey que fuera mejor que Dios, y que a la gente no le importaba. Ellos querían otro rey.

Samuel oró. Dios le respondió diciendo:

—Haz lo que te piden. Con el tiempo aprenderán que solo hay un rey que no los va a defraudar.

Al día siguiente, un joven llamado Saúl estaba buscando unos burros que se habían perdido.

Dios le dijo a Samuel:

—Este hombre va a reinar sobre mi pueblo.

Samuel se acercó a Saúl y le dijo:

—No te preocupes por tus burros. Todo lo que hay en Israel ahora es tuyo.

Samuel tomó un frasco de aceite y lo derramó sobre la cabeza de Saúl y le contó lo que Dios le había dicho. Saúl se sorprendió.

—La tribu a la que pertenezco, es la más pequeña en Israel —dijo Saúl— y mi familia es la menos importante de esa tribu. ¿Por qué voy a ser yo rey?

Samuel sonrió y le respondió:

—Dios te escogió.

SAÚL

DÍA 142
Saúl es rey
1 Samuel 10:17-26

Samuel reunió a todos los israelitas para que conocieran el rey que Dios había elegido para ellos. La gente comenzó a murmurar:

—¿Quién será el elegido?

—se preguntaban.

Samuel les dijo a todos:

—¡Dios eligió a Saúl!

La gente se quedó quieta y esperando que Saúl pasara adelante. Pero no lo hizo. Entonces Dios dijo:

—Saúl está escondido entre el equipaje. Saúl salió de su escondite. Tenía vergüenza al ver tanta gente.

Pero todos gritaron a una voz:

—«¡Viva el rey!».

Luego, Samuel les dijo:

—¡Aquí tienen al hombre elegido por Dios para que sea su rey! ¡No hay nadie que se le compare!

Los israelitas estaban muy contentos. Estuvieron celebrando hasta la noche. Finalmente Samuel envió a todos a sus casas. Saúl se fue a dormir muy contento.

DÍA 143

Jonatás ataca a los filisteos

1 Samuel 14:3-15

Saúl era un rey fuerte. Preparó un ejército de soldados que siempre estaban listos para luchar. Los hijos de Saúl también eran soldados de su ejército. El hijo mayor, Jonatás, era un soldado muy valiente. Estaba dispuesto a pelear con los enemigos filisteos. Jonatás le dijo al joven que le ayudaba a cargar su armadura que era mejor atacar a los filisteos cuando menos se lo esperaban.

Si tan solo tuviera la orden de Saúl, Dios seguro nos dejaría vencer —dijo Jonatás muy seguro—. ¡Somos su pueblo!

Finalmente, no pudo esperar más. Jonatás y su ayudante salieron a escondidas del campamento y fueron al otro lado del valle. Cuando se acercaban al campamento enemigo, los filisteos los vieron.

—Miren a esos dos soldados —dijeron burlándose—. Por fin los israelitas ya están saliendo de sus escondites.

Los soldados filisteos corrieron a su encuentro, pero Jonatán y su ayudante los mataron antes de que pudieran defenderse. El resto del ejército se enteró que los estaban atacando y salieron corriendo al campo de batalla.

DÍA 144

Saúl y su ejército se unen a la batalla

1 Samuel 14:16-48

En el campamento de los israelitas, los dos soldados que se habían escapado fueron vistos desde la torre de vigilancia. Saúl ordenó pasar lista, para ver quién faltaba. Se enteró de que era su hijo Jonatás y su ayudante. Saúl mandó llamar al sacerdote. Con mucho temor, le dijo:

—¿Qué debemos hacer? Dos de mis soldados fueron a luchar contra los filisteos. Uno de ellos es mi hijo. ¡No pueden ganar contra tantos enemigos!

El sacerdote y Saúl comenzaron a orar, pero Saúl estaba inquieto. Así que decidió enviar a todo su ejército a ayudar a los dos hombres.

Dios estaba con Saúl y su ejército. Permitió que Saúl terminara la batalla con un gran triunfo sobre sus enemigos. Dios le dijo a Saúl que destruyera todo lo que les pertenecía a los filisteos, hasta la última vaca y oveja.

184

SAÚL

DÍA 145
Saúl desobedece a Dios

1 Samuel 15:10-35

Saúl estaba muy contento con su victoria. Ya estaba construyendo un monumento para que todos recordaran ese día glorioso en el que habían vencido a los filisteos.

El profeta de Dios, Samuel, estaba caminando por el campo de batalla cuando oyó el mugido del ganado y el balido de las ovejas. Fue corriendo a ver a Saúl y le dijo:

—¿De quién son esas ovejas y esos toros?

Saúl le respondió:

—¡Ganamos la batalla! Guardé los mejores animales para presentárselos como ofrenda a nuestro Dios.

Pero Samuel se enojó y le dijo a Saúl:

—A Dios le agrada más que lo obedezcan, y no que le traigan ofrendas. Te ordenó que destruyeras todo lo que le pertenecía al enemigo, ¡incluso su ganado! ¿Por qué decidiste oír algunas de las cosas que te dijo Dios y otras no?

Saúl había defraudado a Dios. Dios sabía que era momento de poner a un nuevo rey en Israel; un rey con un corazón puro que le obedeciera.

DÍA 146
Los hijos de Jesé
1 Samuel 16:1-7

Dios le dijo a Samuel que iba a elegir un nuevo rey para el pueblo de Israel, en la ciudad de Belén.
Dios le dijo:
—Ve donde vive Jesé. Ya he elegido a uno de sus hijos para que sea rey de Israel. Lleva aceite contigo y derrámaselo en la cabeza como símbolo de mi elección.

Samuel obedeció a Dios y fue a Belén. Cuando llegó, Samuel vio a Jesé y a sus hijos, y los invitó a sacrificar un animal. Samuel vio al hijo mayor de Jesé, Eliab, y pensó que seguramente ese era el elegido.
—Es muy alto y bien parecido —pensó Samuel.
Pero Dios le dijo:
—No te fijes en su apariencia, yo me fijo en el corazón.

186

DAVID

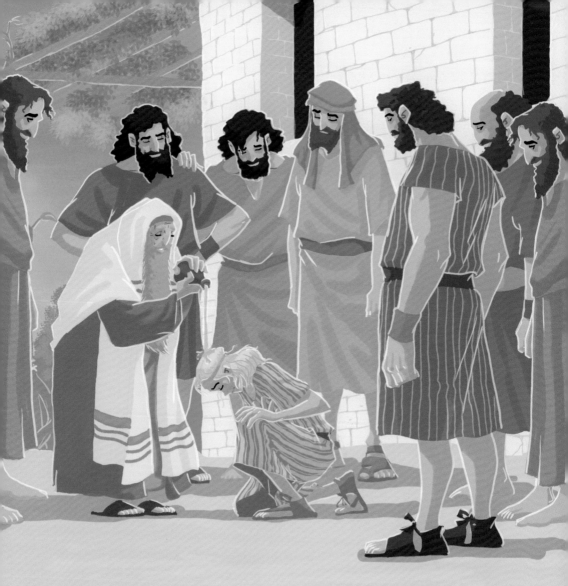

DÍA 147
David es el nuevo rey

1 Samuel 16:8-13

Todos los hijos de Jesé se presentaron ante Samuel. Samuel esperaba con paciencia que Dios le hablara, pero Dios no había elegido a ninguno de ellos. Samuel comenzó a preocuparse. Finalmente le preguntó a Jesé:
—¿No tienes más hijos?
—Sí. Tengo a David —dijo Jesé.

Samuel le pidió a Jesé que trajeran a David. Después de un rato, David apareció, sonriente y con su vara de pastor. Acababa de llegar del campo donde cuidaba las ovejas. David era el hermano menor, pero tenía un brillo especial en sus ojos.
Entonces Dios habló:
—David es mi elegido y será el nuevo rey.
Samuel derramó el aceite sobre David y lo bendijo.

DAVID

DÍA 148
David toca para Saúl
1 Samuel 16:14-23

Saúl todavía era el rey de Israel, pero el espíritu de Dios ya no estaba con él. Por las noches Saúl se despertaba con horribles pesadillas. Durante el día luchaba con sus malos pensamientos. Como Dios ya no estaba con Saúl, un espíritu malo había tomado control de él y lo atormentaba.

Un día Saúl estaba muy triste, entonces sus sirvientes mandaron llamar a un músico para que tocara y lo calmara. David todavía era joven, pero tocaba muy bien el arpa. Los sirvientes habían oído cosas buenas acerca de David, así que lo contrataron para que tocara el arpa para Saúl. Cuando David tocaba las cuerdas de su instrumento, una hermosa melodía llenaba todo el lugar. Su música parecía venir del cielo. Saúl se sentía aliviado y el espíritu malo se alejaba. David estaba agradecido por su don de la música para servir al rey. Pasaba tardes enteras tocando música para Saúl.

188

DAVID

DÍA 149
El gigante Goliat
1 Samuel 17:3-11

Los filisteos estaban por atacar a los israelitas. El rey Saúl ordenó a sus soldados que se prepararan para la batalla. Ellos se pusieron sus armaduras más brillantes, tomaron sus lanzas, y marcharon confiados hasta el campo de batalla.

Luego vieron a Goliat.

Goliat era un héroe del ejército de los filisteos. ¡Era enorme! Al lado de los otros hombres era un gigante fuerte.

Sus piernas eran gruesas como el tronco de un árbol, y sus brazos eran muy musculosos. Goliat se burlaba y se reía del ejército de los israelitas. Cuando hablaba, sus palabras sonaban como el rugido de un oso.

—Yo soy el mejor soldado de nuestro ejército —gritó Goliat—. ¿Acaso puede matarme alguno de ustedes? Si es buen guerrero y me mata, nosotros seremos esclavos de ustedes. Pero si yo lo mato, ustedes serán nuestros esclavos.

Saúl y sus hombres tenían mucho temor. Hasta los soldados más valientes de los israelitas comenzaron a temblar de miedo.

—¿Quién puede vencer a un hombre así? —se preguntaban.

189

DAVID

DÍA 150
David responde a los insultos de Goliat

1 Samuel 17:17-27

El ejército de los israelitas no podía hacer nada más que esperar a ver si alguien era valiente para pelear contra Goliat. Mientras tanto, Goliat gritaba insultos del otro lado del campo de batalla.

—¡Son unos cobardes! —exclamaba—. ¿Dónde está su Dios para ayudarlos?

El rey Saúl comenzó a preocuparse. Decidió ofrecer una recompensa para el soldado que peleara contra Goliat.

—Quien mate a ese atrevido, se casará con mi hija —anunció Saúl—. También recibirá muchas riquezas.

Pero a pesar de las ofertas tentadoras, nadie se atrevía a pelear contra un enemigo tan aterrador. Saúl estaba desesperado. Mientras tanto, el joven David les llevaba comida a los soldados. No había oído lo que sucedía. De manera inocente, preguntó:

—¿Por qué están todos con cara de pánico?

Los soldados le contaron a David acerca de Goliat y de lo que les había dicho. David se enojó muchísimo.

—¿Quién se cree este extranjero que se atreve a desafiar a los ejércitos de Dios? —dijo David.

Luego David salió a buscar a Saúl.

191

DÍA 151
David conoce a Goliat
1 Samuel 17:34-40

David fue a ver a Saúl y le dijo:
—Yo soy pastor de ovejas y he matado leones y osos cuando tratan de llevarse una de ellas. Y eso mismo voy a hacer con este filisteo, pues ha desafiado a los ejércitos del Dios vivo.

Pero Saúl no estaba seguro. Aun así, Saúl se admiraba de David y le dio su propia armadura y espada. David se puso la armadura de bronce y el casco. Pero se sentía incómodo.
—Yo no estoy acostumbrado a usar esto, y no puedo ni caminar —dijo.
David se quitó la armadura y tomó su cayado. Luego eligió cinco piedras. Con su honda en la mano, fue a ver a Goliat.

DÍA 152
David mata a Goliat
1 Samuel 17:41-51

Goliat se rio a carcajadas cuando vio a David.
Le dijo:
—¿Vienes a pelear conmigo con un palo, como si fuera yo un perro?
Pero David le contestó:

—¡Tú vienes a pelear conmigo con espada, y flechas y lanza! Yo vengo en el nombre del Dios todopoderoso.
Entonces David puso una piedra en su honda y le pegó en plena cara. Goliat estaba mareado. Luego se le voltearon los ojos y cayó al suelo dando un gran golpe. ¡David lo mató y los israelitas se salvaron!

DAVID

DÍA 153
Los celos de Saúl

1 Samuel 18:6-16

Los soldados israelitas regresaron para celebrar su victoria. Todos bailaban y tocaban sus arpas y panderetas. Las mujeres cantaban:
—«Saúl mató a mil soldados, pero David mató a diez mil».
Al oír tales cantos, Saúl se enojó mucho y pensó:
—A David le dan diez veces más importancia que a mí. ¡Ahora solo falta que me quite el trono!
A partir de ese momento, Saúl comenzó a despreciar a David.
Al día siguiente, David fue a tocar el arpa para Saúl. Pero David vio que Saúl estaba enojado y que tenía una lanza muy filosa en la mano. Antes de que David se diera cuenta, Saúl le arrojó la lanza a David. ¡David logró esquivarla rápidamente! Entonces David se fue corriendo del palacio del rey y no regresó más.
Saúl tenía otro plan. Decidió enviarlo al frente de los soldados en todas las batallas de los israelitas. Saúl pensó que así pronto alguien mataría a David. Entonces David luchó, pero nunca le hicieron daño porque Dios estaba con él. David ganó todas las batallas que sostuvo, y todos lo querían mucho por su fuerza y valor.

DÍA 154
Amigos para toda la vida

1 Samuel 19:1-7

Saúl reunió a todos sus oficiales, ayudantes y a sus tres hijos.
Les dijo:
—Si alguno de ustedes ve a David, ¡mátelo!
Jonatás era un leal amigo de David. Después de que Saúl diera la orden de matar a David, Jonatás salió corriendo a avisarle a David.
—¡Cuídate mucho, que mi padre quiere matarte! —le dijo Jonatás—. ¡Escóndete! Te avisaré cuando puedas regresar a salvo.
David tenía temor. Hizo lo que Jonatás le dijo y se escondió en el campo.

Mientras tanto, Jonatás regresó a ver a su padre.

—Padre, no debes hacerle ningún daño a David —le dijo Jonatás—. No te ha hecho ningún mal. Por el contrario, te ha servido y solo ha buscado tu bien. Recuerda que David arriesgó su vida cuando peleó contra Goliat y lo mató. ¿Cómo es posible que ahora quieras matar a David?

Saúl lo escuchó con paciencia. En su corazón, sabía que lo que su hijo decía era verdad.

—Te juro que no le haré ningún daño a David —le prometió a Jonatás. Entonces Jonatás llamó a David y le dijo que ya podía volver.

DÍA 155
Jonatás tiene un plan

1 Samuel 19:9-24

Saúl no cumplió su promesa por mucho tiempo. David regresó al palacio a tocar el arpa para el rey Saúl como solía hacerlo. Saúl no podía controlar sus espíritus malos y de nuevo le arrojó una lanza a David. David logró correrse a tiempo y se escapó.

Jonatás fue a verlo y le dijo:

—Esto es lo que vamos a hacer. Vete al lugar donde te escondiste y espérame allí pasado mañana. Yo voy a disparar algunas flechas hacia ese lugar, como si estuviera tirando al blanco, y mandaré a un muchacho para que las levante. Si me oyes decirle: «¡Tráeme las flechas; están aquí cerca!», te juro por Dios que puedes volver tranquilo, pues eso quiere decir que no corres ningún peligro. Pero si me oyes gritarle: «¡Más allá! ¡Las flechas están más allá!», huye, porque eso es lo que Dios quiere.

A David le pareció bien el plan y fue a esconderse.

DÍA 156
Jonatás le salva la vida a David

1 Samuel 20:27-42

Al día siguiente, Saúl se dio cuenta de que David se había ido. Jonatán le dijo a su padre:

—Yo le di permiso de ir a Belén. Por eso no vino.

Saúl se enfureció.

Tomó a Jonatás del brazo y le gritó:

—¿Qué? ¿Dejaste que se escapara? ¡David tiene que morir! ¡Cuando regrese lo mataré!

Al siguiente día, Jonatás salió a ver a David. Disparó una flecha y le dijo al muchacho:

—¡Corre, no te detengas, que más allá hay otra flecha!

El muchacho fue y recogió las flechas de Jonatás. David salió a ver a Jonatás. Los dos sabían que David debía irse o lo matarían. Los dos amigos lloraron y se despidieron con un abrazo. Luego Jonatás volvió al palacio y David se fue a vivir en los montes y desiertos.

DÍA 157
Aquimelec ayuda a David
1 Samuel 21:1-10

El primer lugar al que se escapó David fue la ciudad de Nobe. Necesitaba comida y provisiones.

David llamó a la puerta de un sacerdote llamado Aquimelec. El sacerdote abrió la puerta de manera sospechosa.

—¿Quién eres? ¿Por qué vienes solo? —le preguntó.

Pensó que David era un ladrón. David sabía que el sacerdote no lo iba a ayudar a no ser que tuviera una buena razón. Entonces David le dijo:

—Soy un soldado. El rey me mandó en una misión especial y me pidió guardar el secreto. ¿Podrías darme pan?

—Solo tengo el pan que usamos en el santuario —le contestó el sacerdote. Luego lo invitó a David a que entrara. David le aseguró:

—Dios está conmigo en esta misión.

El sacerdote puso cinco panes en las manos de David. David le preguntó:

—¿Podrías prestarme alguna lanza o espada? No alcancé a traer ningún arma conmigo.

David tomó la espada. Se sonrió al recordar aquel día cuando de joven mató a Goliat.

—Gracias, sacerdote —dijo David. Después se fue de la casa en la oscuridad de la noche.

DÍA 158

Jonatás alienta a David

1 Samuel 23:14-18

David vivía escondiéndose, pero no estaba solo. Tenía un grupo de hombres que eran sus amigos y seguidores.

Saúl buscaba todo el tiempo a David. Enviaba soldados a encontrarlo y capturarlo. Pero Dios protegía a David y sus hombres para que no les pasara nada. Tenían que ir de un lugar a otro casi todas las noches para que no los atraparan. Era una vida difícil y agotadora. Tenían que cuidarse de los lobos y otros animales salvajes, y casi siempre pasaban hambre.

Un día Jonatás fue a buscar a su amigo David, a quien extrañaba. Cuando lo encontró, puso su mano sobre el hombro de su amigo y le dijo:

—Sé que debe ser difícil no tener hogar, pero mi padre Saúl no va a poder encontrarte. Además, hasta él sabe que tú vas a ser rey de Israel y que yo seré menos importante que tú.

David y Jonatás hicieron un pacto de amistad. Después Jonatás regresó a su casa.

DÍA 159

Solo en una cueva

1 Samuel 24:2-19

En el palacio, Saúl tomó a los tres mil mejores soldados de su ejército, y se fue a capturar a David de una vez por todas. Saúl llevó a sus hombres a caballo por el desierto.

Una noche, mientras acampaban cerca de unas cuevas en el desierto, Saúl tuvo que hacer sus necesidades. Entró en una cueva oscura para tener privacidad. ¡No se dio cuenta de que era la cueva donde vivían David y sus hombres! David y sus hombres vieron a Saúl, pero se quedaron quietos y callados para que Saúl no supiera que estaban allí en la oscuridad. Los hombres susurraron:

—¡David! ¡Esta es nuestra oportunidad para vengarnos de Saúl!

Pero David les respondió:

—¡No, no le haré daño!

En vez de matarlo, David cortó un pedazo de la orilla de su manto.

Después de que Saúl salió de la cueva, David lo llamó:

—¡Mi señor y rey!

Luego, sacudiendo el pedazo de su manto en el aire, le dijo:

—Hoy tuve la oportunidad de matarlo aquí mismo, en la cueva. No quise hacerle ningún daño porque Su Majestad es mi rey. ¡Dios mismo lo eligió! Sin embargo, Su Majestad anda persiguiéndome y quiere matarme.

Saúl se sorprendió. Y le respondió:

—Tú, David, eres más bueno que yo. Que Dios te recompense con muchas cosas buenas por lo bien que hoy me has tratado.

DAVID

DÍA 160
Nabal rechaza a David
1 Samuel 25:2-13

David podía caminar con libertad porque ya no tenía que temerle a Saúl ni a su ejército. David y sus hombres andaban por las tierras donde a menudo los pastores cuidaban sus rebaños. David era bueno con los pastores; les ofrecía protección a sus ovejas cuando se encontraban en peligro.

Un día, David y sus hombres tenían hambre y no tenían nada para comer. David envió a diez de sus hombres a llevarle un mensaje a un hombre llamado Nabal. Nabal era muy rico, tenía propiedades en Carmel y era dueño de muchos rebaños.

El mensaje de David decía:

—Tus pastores han estado entre nosotros, y nunca les hemos hecho ningún daño ni les hemos robado nada. Yo te ruego que nos compartas comida.

Pero Nabal era malo y grosero. Les dijo a los mensajeros:

—¿Y quién es ese David? ¿Por qué le voy a dar la comida que preparé para mis trabajadores a gente que no sé ni de dónde viene?

Los ayudantes regresaron a donde estaba David, y le contaron lo sucedido. David se sintió ofendido, y cerró los puños de furia. Entonces David les dijo a sus hombres:

—Preparen sus espadas. Vamos a enseñarle a Nabal y su familia quiénes somos.

Los hombres fueron con sus armas a Carmel.

DÍA 161
Abigail conoce a David
1 Samuel 25:14-31

Abigail era la esposa de Nabal. Ella supo que su esposo no había sido bueno con David y lo sentía mucho. Ella estaba preocupada de que David se vengara de Nabal y su familia. Sintió que debía disculparse y ofrecerle a David la comida que les había pedido. Abigail fue al desierto donde vivía David. Detrás de ella iban muchos burros con sacos pesados sobre sus lomos. Los sacos estaban repletos de vino, carne, higos, uvas pasas, y muchas cosas ricas para comer y beber.

Cuando Abigail vio a David, se inclinó hasta tocar el suelo con su rostro, y echándose a los pies de David le dijo:

—¡No le dé usted importancia a las groserías de mi esposo! Dios no permitirá que usted se desquite matando a gente inocente. Pues usted, mi señor, será el líder de Israel, pues Dios cumplirá todas las promesas que le ha hecho.

Luego Abigail abrió los sacos con comida y se los repartió a los hombres.

DÍA 162
Nabal muere
1 Samuel 25:32-42

Después de escuchar lo que le dijo Abigail, David se alegró.
—¡Bendito sea el Dios de Israel, que te envío a mí! —le dijo David—. Si no hubieras venido a verme, te juro por Dios que para mañana no habría quedado vivo un solo hombre de la familia de Nabal. Puedes irte tranquila, que no le haremos daño a tu esposo. Entonces Abigail le agradeció y se fue a su casa.

Cuando llegó, Abigail vio a su esposo llenándose la boca con comida, riéndose, bebiendo y actuando de manera tonta.

Abigail esperó hasta la mañana siguiente a que su esposo estuviese sobrio. Luego le contó que David había planeado matarlo, hasta que ella fue a verlo. Nabal se sorprendió tanto que tuvo un ataque al corazón. Diez días después, se murió. David se enteró de la noticia y les dijo a sus amigos:
—¡Dios castigó a Nabal! Se vengó por lo que me hizo.

Luego, David le envió un mensaje a Abigail para que fuese su esposa. Abigail fue al desierto y aceptó su propuesta. Se casaron en el desierto con la bendición de Dios.

DÍA 163
David rescata a sus soldados

1 Samuel 30:1-18

Tribus enemigas habían atacado distintas ciudades de Israel. David se enteró de la noticia. Tomó a sus hombres y fueron a ver qué sucedía. Cuando David y sus hombres llegaron a sus antiguas casas y aldeas, encontraron todo incendiado. Los hombres de David estaban desconcertados y lloraron de dolor por haber perdido a sus familiares. David oró a Dios.
Dios le dijo a David:

—«Persíguelos, porque vas a alcanzarlos, y también vas a recuperar lo que se robaron».
David consoló a sus hombres y les dijo:
—Todavía estamos a tiempo de hacer algo para recuperar nuestras familias.
Alcanzaron a sus enemigos, que estaban de fiesta celebrando la victoria sobre los israelitas. No se dieron cuenta de que David y sus hombres se habían acercado. Antes del amanecer, David dio la orden de que atacaran a los amalecitas.
Dios estaba con David y sus hombres, y pudieron ganar la batalla. Luego encontraron a sus familiares que habían sido tomados como prisioneros, y los rescataron.

205

DAVID

DÍA 164

Saúl y Jonatás mueren

1 Samuel 31:1-6

Mientras David luchaba contra los amalecitas, Saúl estaba ocupado luchando contra los filisteos en el cerro de Guilboa. La batalla era cruel y violenta. Casi todos los soldados de Saúl habían muerto. Aquellos que sobrevivieron se escaparon del ejército filisteo para salvar la vida. Saúl vio cómo mataban a sus tres hijos, incluso a Jonatás, el leal amigo de David. Finalmente, Saúl vio que no tenía esperanzas.

Le dijo a su ayudante:

—Saca tu espada y mátame. Hazlo antes de que vengan esos extranjeros idólatras. De lo contrario, se burlarán de mí y me matarán.

Pero su ayudante no podía matar a su rey. Entonces Saúl tomó su espada, se la clavó en el estómago y se echó sobre ella. El ayudante estaba tan triste de ver a su rey morir, que él también se mató de la misma manera.

Fue un día muy oscuro para el ejército de los israelitas. Los días de Saúl como rey habían llegado a su fin. Un nuevo reinado estaba por comenzar.

DÍA 165
Coronación de David
2 Samuel 5:1-10, 1 Crónicas 14:8-17

La noticia de que David había sido coronado como rey de Israel se dio a conocer rápidamente a los filisteos. Enviaron un gran ejército para capturar a David. David oró a Dios como lo hacía siempre. Dios le respondió su oración. Cuando David marchó para encontrarse con los filisteos, él y su ejército ganaron la batalla. Los israelitas amaban a David por su fuerza y valor. Lo llenaban de elogios, pero David no aceptaba la gloria. Al contrario, David decía:

—¡Gané la batalla porque Dios me ayudó! ¡Él destrozó a mis enemigos como una poderosa inundación!

Jerusalén se convirtió en una ciudad espléndida, y David se aseguraba de que Dios fuese el centro de su majestad.

DÍA 166
David baila para Dios
1 Chronicles 15:1-29

David invitó a los israelitas a la ciudad de Jerusalén a una gran celebración. El Arca de la Alianza de Dios, que tenía las tablas de los diez mandamientos, iba a entrar en la ciudad. David había enviado a que hicieran una carpa especial para el Arca hasta que pudieran construirle un templo apropiado.

La gente cantaba y aplaudía en las calles, y bailaban, mientras cuatro hombres llevaban el Arca de Dios sobre sus hombros. David sabía que era ocasión para celebrar porque la palabra de Dios estaba con él y con toda la gente. Los platillos y las trompetas sonaban en alegre celebración. David bailó con su gente y alabó a Dios.

Mientras tanto, Mical, una de las esposas de David, estaba mirando desde una ventana con una expresión rara en su rostro.

—¡David! —gritó ella—. ¿Cómo puedes saltar y bailar así como un tonto? Ahora eres el rey.

—Yo bailo porque Dios es mi Rey, y porque estoy feliz. ¡Nadie puede parecer un tonto cuando baila para Dios!

DÍA 167

David manda matar a Urías

2 Samuel 11:2-17

Una tarde, David se paseaba por la azotea de su palacio. Desde allí tenía una hermosa vista de Jerusalén. Mientras miraba en la distancia, vio a una mujer muy hermosa que se estaba bañando a la luz de la luna.

Le preguntó a su sirviente:

—¿Quién es esa mujer?

—Se llama Betsabé. Es la esposa de uno de sus soldados, Urías —respondió el sirviente.

David mandó traerla. Se enamoró de ella. Era egoísta y quería que fuera su esposa a pesar de que estaba casada con otra persona.

Betsabé quedó embarazada y esperaba un niño de David. Cuando David se enteró, mandó llamar a Urías. Hablaron del ejército, de hombre a hombre, con Urías, pero David no mencionó nada sobre Betsabé ni el hijo que esperaba. Cuando David mandó a Urías a su casa, Urías no fue con Betsabé. Urías durmió en la calle enfrente al palacio. Hizo esto porque era un soldado fiel, y quería mostrarle su lealtad al rey David.

Pero David quería encontrar la manera de deshacerse de Urías. Ordenó que lo pusieran en el frente de batalla. Urías fue herido en la batalla y murió, tal como David lo había planeado. Entonces David pudo casarse con Betsabé. Pero Dios no estaba contento.

DÍA 168
Un rey arrepentido

2 Samuel 12:1-14

Dios vio lo que David había hecho. Y se enojó. Envió a un hombre llamado Natán a contarle una historia a David.

—Escucha este relato, —le dijo Natán— y dime lo que piensas al respecto. En cierta ciudad había dos hombres. Uno de ellos era rico y tenía muchas ovejas y ganado. El otro era pobre. Tenía una ovejita. Tanto quería ese hombre a la ovejita que hasta le daba de comer de su mismo plato, y la dejaba recostarse y dormir en su pecho. Un día llegó un visitante a la casa del rico, y el rico lo invitó a comer. Pero como no quería matar ninguna de sus ovejas ni de sus vacas, le quitó al pobre su ovejita y la mató para darle de comer a su visitante.

Cuando Natán terminó de contar la historia, David dijo:

—¿Pero cómo pudo hacer eso? ¡Ese hombre no tiene sentimientos! ¡Merece la muerte!

—¡Pues tú, David, eres ese hombre! —le respondió Natán, llorando—. ¡Hiciste que mataran a Urías porque querías lo que él tenía, a Betsabé, su esposa!

David sabía que Natán tenía razón. Se tapó la cara de vergüenza.

—Dios te ha perdonado —le dijo Natán—. Pero por haberte burlado de él, no vivirá el hijo que tuviste con Betsabé.

DÍA 169
El deseo de Salomón

1 Reyes 2:10-3:15

Así como dijo Natán, el bebé de David murió. Cuando Betsabé tuvo otro hijo, lo llamaron Salomón. Salomón se convirtió en rey después de que David muriera. Toda la gente lo amaba, así como amaron a su padre. Una noche, Dios se le apareció a Salomón en sus sueños y le dijo:

—Pídeme lo que quieras; yo te lo daré.
Salomón respondió:

—Ahora tengo que dirigir a tu pueblo, que es tan grande y numeroso. Dame sabiduría, para que pueda saber lo que está bien y lo que está mal.
A Dios le pareció bien.

Le dijo:

—Como me pediste sabiduría para saber lo que es bueno, en lugar de pedirme una vida larga, riquezas, o la muerte de tus enemigos, voy a darte sabiduría e inteligencia. Serás más sabio que todos los que han vivido antes o vivan después de ti. Pero además te daré riquezas y mucha fama, aunque no hayas pedido eso.

Entonces Salomón se despertó. Se acordó de lo que Dios le había dicho, y se sintió muy feliz. Salomón hizo una gran fiesta ese día para celebrar las palabras de Dios.

SALOMÓN

DÍA 170
Una decisión sabia

1 Reyes 3:16-28

Salomón tuvo mucha sabiduría. Se encargaba de tomar muchas decisiones en el palacio.

Un día, dos mujeres vinieron a verlo con un gran problema que no podían solucionar.

Una de las mujeres clamó a Salomón:

—Majestad, nosotras dos vivimos en la misma casa y cada una tuvo un hijo. Una noche, el bebé de esta mujer murió porque ella lo aplastó mientras dormía. A medianoche se despertó, y al ver que su hijo estaba muerto, lo cambió por el mío.

A la mañana, cuando desperté, y quise darle leche a mi hijo, me di cuenta de que el bebé estaba muerto, pero descubrí que no era mi hijo.

La otra mujer gritó:

—No, el niño muerto es su hijo. ¡El mío es el que está vivo!

Salomón sabía cómo solucionarlo.

—Corten al niño vivo en dos mitades, y denle una mitad a cada mujer.

Una de las mujeres llorando gritó:

—¡Por favor, Su Majestad! ¡No maten al niño! Prefiero que se lo den a la otra mujer.

Salomón sabía que solo la verdadera madre podría hacer una cosa como esa, entonces le devolvió su bebé.

212

SALOMÓN

DÍA 171

Salomón construye un templo para Dios

1 Reyes 5:1-18, 9:3-5

Hiram era el rey de Tiro, una ciudad cercana. Había sido un buen amigo de David.

Salomón sabía esto y le mandó un mensaje a Hiram: «Tú sabes que mi padre no pudo construir un templo para adorar a nuestro Dios, porque había estado en muchas guerras, hasta que Dios venció a sus enemigos. Pero ahora, gracias a mi Dios, estamos en paz en todo el reino. Ya no tenemos enemigos ni grandes problemas. Por eso he decidido construir un templo para adorar a mi Dios. Te pido que mandes cortar cedros de las montañas para construir el templo. Fuiste uno de los amigos más leales de mi padre. ¿Me ayudarías?».

El rey Hiram estaba muy contento de saber que Salomón iba a realizar el sueño de su padre de construir un templo para Dios.

Le respondió: «Dios le dio a David un hijo muy sabio. Por supuesto que voy a ayudarte con la madera de cedro y de pino».

Después de siete años de duro trabajo, el templo de Dios estaba terminado.

Dios le dijo a Salomón:

—Este templo que has edificado será mío, y en él viviré para siempre. Si te comportas bien y me obedeces en todo, Israel siempre tendrá como rey un descendiente tuyo. Así también se lo prometí a tu padre David.

214

DÍA 172

La reina de Saba visita a Salomón

1 Reyes 4:29-33 10:1-9

Dios bendijo a Salomón con muchas cosas, cosechas abundantes, jardines maravillosos, y muchas riquezas. Gente de tierras lejanas había oído de la hermosa ciudad de Salomón. Oyeron de su sabiduría y conocimiento sobre plantas y árboles, peces y reptiles. Pero Salomón no era solamente sabio, sino que también era un poeta que escribía hermosas canciones.

La reina de Saba quería conocer a Salomón en persona. Hizo un largo viaje hasta Jerusalén y finalmente llegó al palacio. Las mesas estaban llenas de frutas y ricos manjares para comer. Los vasos, platos y utensilios eran todos de oro. Los sirvientes estaban vestidos con uniformes coloridos hechos de telas muy finas. Pero la reina de Saba quería ver a Salomón.

Se preguntaba:

—¿Acaso será cierto que es tan sabio como dicen todos?

Salomón la saludó amablemente. Luego la reina de Saba le hizo todas las preguntas que había preparado. ¡Y Salomón las contestó todas! No hubo nada que el rey no pudiera explicarle.

—Todo lo que escuché en mi país acerca de lo que has hecho y de lo sabio que eres, es cierto —dijo la reina—. No lo creía, pero ahora lo he visto con mis propios ojos. ¡Eres más sabio y rico de lo que yo había escuchado! ¡Bendito sea Dios!

215

SALOMÓN

DÍA 173
Elías en el desierto
1 Reyes 16:32-33, 1 Reyes 17:1-7

Después de que Salomón muriera, Israel tuvo un rey tras otro. Pero fue el rey Ahab quien hizo enojar a Dios mucho más que todos los anteriores. Ahab desobedeció a Dios, adoró dioses falsos y construyó un altar para Baal. Elías era profeta. Elías fue a ver al rey Ahab y le anunció:
—Dios me envió para que te dijera que durante varios años no va a llover ni a caer rocío hasta que yo lo diga, y así será.

Luego Dios le dijo a Elías que se escondiera en el arroyo Querit, que está al este del río Jordán.
—Ahí tendrás agua para beber —le dijo Dios—. Yo le he ordenado a los cuervos que te lleven comida.
Entonces Elías hizo lo que Dios le dijo y se fue a vivir al desierto. Bebía el agua del arroyo y, en la mañana y en la tarde, los cuervos le llevaban pan y carne para que comiera. Pero como Dios había hecho que dejara de llover, el arroyo se secó y Elías no tenía nada para beber.

DÍA 174
Elías ayuda a una viuda
1 Reyes 17:8-16

Elías tenía sed. Dios le dijo:
—Ve a Sarepta. Yo le he ordenado a una viuda que te alimente.
Elías se levantó y caminó hasta la puerta de la ciudad. Vio a una viuda que estaba juntando leña.

moriremos de hambre, pues ya no tenemos más comida.
Entonces Elías le contestó:
—No tengas miedo. Ve y haz lo que has dicho. Pero primero cocina un pequeño pan para mí y tráemelo. Después prepara pan para ti y para tu hijo, pues el Dios de Israel dijo que no se terminará la harina que está en la jarra ni el aceite que tienes

Entonces la llamó y le dijo:
—Por favor, tráeme un poco de agua en un vaso.
La viuda se volvió para traérselo.
Él le dijo:
—Tráeme también un poco de pan.
La viuda le respondió:
—No tengo pan. Solo tengo un poco de harina en una jarra y un poco de aceite en una botella. Ahora estoy juntando leña para ver qué preparo para mi hijo y para mí. Después de comer eso probablemente

en la botella hasta que él haga llover otra vez.
La mujer fue e hizo lo que Elías le había dicho. Preparó un pequeño pan para Elías. Luego cocinó lo que quedaba para ella y para su hijo. Cuando regresó a la cocina, ¡la botella de aceite estaba llena! Ella invitó a Elías a que se quedara y nunca se les acabó la comida.

217

ELÍAS

DÍA 175
Un concurso

1 Reyes 18:16-24

Dios le dijo a Elías que fuera a ver al rey
Ahab y le dijera que enviaría la lluvia
nuevamente. Cuando el rey Ahab oyó
que Elías venía a visitarlo, salió a su
encuentro.

—¿Así que eres tú el que trae tantos
problemas sobre Israel? —le gritó.
Pero Elías le contestó:

—No soy yo el que trae problemas sobre
Israel, sino tú y tu familia. Sacrifiquemos
dos toros. Ustedes pueden sacrificarle el
toro a Baal. Yo sacrificaré el mío a Dios.
Pero no vamos a encender el fuego. En
vez de prender el fuego, oraremos. Que el
Dios verdadero responda nuestra oración
y queme el toro.

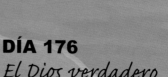

DÍA 176
El Dios verdadero

1 Reyes 18:25-39

Entonces Ahab preparó dos toros y lo
puso en dos altares. El rey Ahab trajo a
sus profetas. Ellos bailaron alrededor del
toro.

—¡Baal, contéstanos! —oraban ellos.
Pero no sucedió nada en toda la mañana.

—¡Griten más fuerte! —les decía Elías
burlándose de ellos—. A lo mejor está

218

ELÍAS

pensando, o salió de viaje. ¡Tal vez está dormido y tienen que despertarlo! Luego Elías se acercó a su altar.

— Contéstame, mi Dios —oró Elías—. Contéstame para que este pueblo sepa que tú eres Dios, y que deseas que ellos se acerquen a ti.

El rey Ahab y sus profeta vieron cómo Dios mandó fuego, y quemó el altar, la leña y hasta las piedras. Cuando vieron esto, Ahab y sus hombres se inclinaron hasta tocar el suelo con su frente y dijeron:

—¡El Dios de Israel es el Dios verdadero!

Entonces Elías saltó y le dijo a su ayudante:

—Ve a decirle a Ahab que se vaya antes de que empiece a llover y no pueda salir.
Entonces el viento comenzó a oírse entre los árboles. La nube que parecía pequeña cubrió todo el cielo y se oscureció. La lluvia comenzó a caer y cubrió todo el suelo. Elías se amarró bien la capa y salió corriendo. Llegó a Jezreel antes que el rey con su carro, porque Dios le dio fuerzas.

DÍA 177
La nube de lluvia

1 Reyes 18: 41-46

Elías le dijo al rey Ahab:

—Vete a comer y a beber, porque ya se oye el ruido del aguacero.
Entonces Ahab se fue en su carro a Jezreel. Elías subió a lo alto del monte Carmelo. Allí se arrodilló en el suelo y apoyó su cara entre las rodillas. Después le dijo a su ayudante:

—Ve y mira hacia el mar.
El ayudante fue, miró y no vio nada. Elías le dijo que mirara otra vez. El ayudante miró a lo lejos, pero no vio nada.

Después de ir siete veces, el ayudante le dijo a Elías:

—¡Se ve una pequeña nube del tamaño de una mano! Está subiendo del mar.

220

ELÍAS

DÍA 178
Elías se despide

2 Reyes 2:1-12

Elías se ganó muchos seguidores. Uno de sus más importantes ayudantes era Eliseo.

Cuando llegó la hora de que Elías fuera a estar con Dios, Eliseo lo acompañó al río Jordán para despedirse. Otros cincuenta profetas más los acompañaron.

Luego Elías se sacó su capa y la usó para golpear el agua. El río Jordán se separó en dos, dejando un camino en medio. Elías y Eliseo cruzaron hasta el otro lado.

Luego, Elías le dijo a Eliseo:

—Dime qué quieres que haga por ti antes de que nos separemos.

Eliseo le contestó:

—Quiero ser el que se quede en tu lugar como profeta especial de Dios.

Elías le dijo:

—Me pides algo muy difícil. Sin embargo, si logras verme en el momento en que Dios me lleve, recibirás lo que pides.

Elías y Eliseo siguieron caminando hasta que se les apareció una carroza de fuego tirada por caballos de fuego. Eliseo miraba con asombro cómo un remolino que subía se llevaba a Elías, en la carroza, al cielo.

Eliseo lo vio y gritó:

—¡Dios se llevó a mi maestro!

Luego se rompió la ropa en dos y lloró porque estaba triste de haber perdido a su amigo.

DÍA 179
Eliseo hace milagros
2 Reyes 2:13-18

Eliseo encontró la capa de Elías en el suelo, cerca de la orilla del río. La levantó y golpeó el agua del río Jordán.
—¿Dónde está el Dios de Elías? —preguntó Eliseo.
De pronto, el agua se separó en dos, dejando un camino, en medio. Eliseo cruzó al otro lado y se reunió con los profetas. Ellos se inclinaron a sus pies.
—Ahora eres el sucesor de Elías —le dijeron—. Estamos dispuestos a buscar a Elías. Puede ser que el espíritu de Dios lo haya levantado y luego dejado sobre alguna montaña o en algún valle.
—No —les dijo Eliseo—. No lo van a encontrar.
Pero los cincuenta profetas eran muy tercos. Le suplicaron a Eliseo que les dejara ir a buscar a Elías. Y Eliseo ya tenía vergüenza de decirles que no una vez más. Entonces dejó que fueran.
Los hombres buscaron a Elías durante tres días, pero no había rastro de él. Regresaron a la ciudad de Jericó.
—No lo encontramos —dijeron.
—Yo les advertí que no fueran —dijo Eliseo.

ELISHA

DÍA 180

La jarra de aceite sin fin

2 Reyes 4:1-7

Uno de los cincuenta profetas de Dios murió. Su esposa corrió llorando a ver a Eliseo.

—Mi marido estuvo siempre al servicio de Dios, —le dijo ella— pero ahora está muerto. Él había pedido dinero prestado, y ahora el hombre que se lo prestó se quiere llevar como esclavos a mis dos hijos.

Eliseo le preguntó:

—¿Qué puedo hacer para ayudarte? Dime, ¿qué tienes en tu casa?

—¡Lo único que tengo es una jarra de aceite! —contestó la mujer.

—Ve y pídeles a tus vecinas que te presten jarras vacías. Después, entra en tu casa y echa aceite en las jarras y ve poniendo aparte las que se vayan llenando.

La mujer juntó la mayor cantidad de jarras posible. Sus hijos la ayudaron, y comenzaron a llenarlas con aceite. El aceite no dejaba de fluir. Llenaron jarra tras jarra.

—Tráeme otra jarra —le dijo a uno de sus hijos.

—Ya no quedan más —le respondió. Entonces la mujer volvió a ver a Eliseo.

—¿Qué hago ahora? —le preguntó.

—Ve, vende el aceite, y págale a ese hombre lo que le debes. Con lo que te quede podrán vivir tú y tus hijos.

DÍA 181
Jonás huye de Dios
Jonás 1:1-5

Un día, Dios le habló a un hombre llamado Jonás. Le dijo:
—¡Levántate, ve a la gran ciudad de Nínive y diles que ya he visto lo malvados que son!
Pero Jonás no fue. Se escapó. Se fue al puerto de Jope. Allí se subió a un barco rumbo a España. Pensó que si se iba lejos podría esconderse de Dios. Dios vio a Jonás y lo castigó enviándole una gran tormenta en el mar. Los marineros tenían mucho miedo. Comenzaron a arrojar la carga del barco para quitarle peso. Pero no servía de nada; el barco estaba a punto de romperse en pedazos. Toda la gente a bordo comenzó a orar a sus propios dioses, excepto Jonás. Jonás bajó a la bodega del barco y se quedó dormido.

JONÁS

DÍA 182
Jonás en el mar

Jonás 1:6-15

El capitán del barco sacudió a Jonás y le dijo:

—¡Qué haces aquí, dormilón! ¡Levántate, y ora para pedir ayuda! —le gritó.

Al mismo tiempo, los marineros querían saber quién tenía la culpa de esa gran tormenta. Creyeron que era Jonás.

—¡Dinos ya por qué estamos sufriendo todo esto! —le dijeron.

Jonás respondió:

—Sí, yo causé la tormenta. Échenme al mar, y el mar se calmará —contestó Jonás.

Los marineros trataron de hacer todo lo posible para no hundirse. Comenzaron a remar con todas sus fuerzas para salir de las grandes olas. Pero la tormenta cada vez era más fuerte.

Oraron a sus dioses:

—¡No nos dejen morir por matar a un hombre inocente!

Entonces los marineros tomaron a Jonás y lo tiraron al mar. De inmediato, el mar se calmó.

DÍA 183
Jonás y la ballena
Jonás 1:17,2:1-10

Jonás flotaba en el mar. No podía nadar. Comenzó a hundirse hasta lo más profundo, donde hay montañas submarinas y toda clase de criaturas marinas. Luego, desde la oscuridad, una enorme ballena nadó hasta donde estaba Jonás. Dios la había enviado para que se lo tragara. La ballena abrió su enorme boca y se tragó a Jonás. Jonás estuvo vivo dentro de la ballena durante tres días y tres noches.

Desde el estómago de la ballena, Jonás oró:
—Me arrojaste a lo más hondo del mar. El mar me cubría todo, y las algas se enredaban en mi cabeza. Creí que ya nunca saldría del fondo del mar. Pero tú, Dios mío, me salvaste la vida. Cuando ya estaba sin fuerzas, me acordé de ti, y oré. Voy a adorarte y a cantarte con alegría. ¡Porque solo tú puedes salvarme!
Dios oyó la oración de Jonás. Por fin, Dios le ordenó a la ballena que arrojara a Jonás en la orilla del mar.

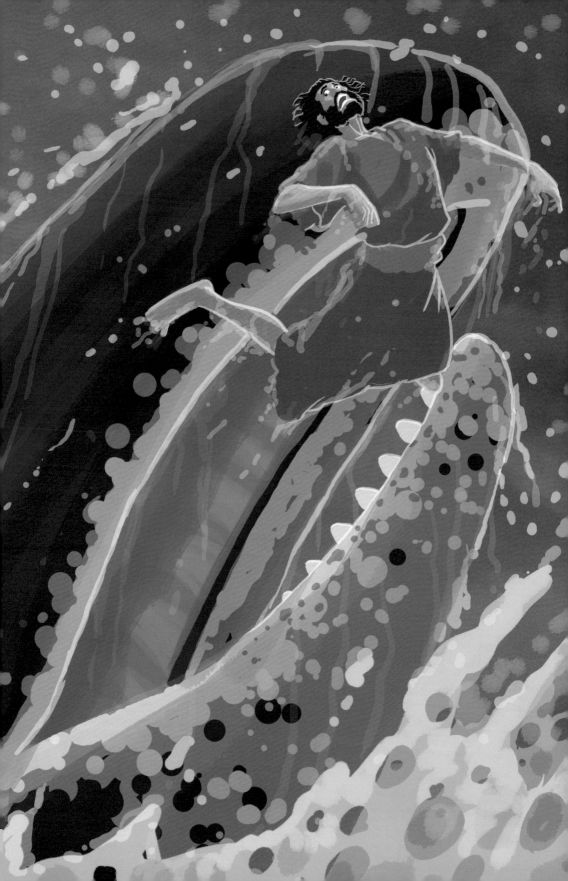

DÍA 184
Jonás obedece a Dios
Jonás 3:1-10

Dios volvió a hablarle a Jonás, y le dio esta orden:

—¡Levántate, ve a la gran ciudad de Nínive! Anúnciales el mensaje que voy a darte.

Esta vez Jonás sí obedeció a Dios y se fue a Nínive. La ciudad era tan grande que Jonás tardó tres días en recorrerla.

Caminaba por las calles anunciando:

—«¡Dentro de cuarenta días Dios va a destruir esta ciudad!».

La gente le creyó. Para demostrar que iban a obedecer a Dios, dejaron de comer. Se vistieron con ropa de tela áspera. Cuando el rey oyó el mensaje, se quitó sus ropas finas y él también se puso ropas ásperas. Se sentó en el suelo y le dijo a toda la gente de Nínive:

—Que nadie coma nada. Todo el mundo está obligado a ponerse ropas ásperas, y deberán cubrir los animales con mantas ásperas. Además, les pedimos a todos ustedes que oren a Dios con todas sus fuerzas. Si dejamos de hacer lo malo, tal vez a Dios se le pase el enojo, y no nos destruirá.

Dios oyó las oraciones de la gente. Le rogaban que los perdonara y prometieron que iban a dejar de pecar. Dios les mostró su amor y misericordia, y no destruyó la ciudad.

DÍA 185
Jonás se enoja
Jonás 4:1-6

Pero había una persona que no estaba contenta de que Nínive se salvara. Jonás estaba molesto.

—¡Ya lo decía yo, mi Dios, ya lo decía yo! —oró Jonás—. Hiciste lo que pensé que harías cuando aun estaba en mi tierra. Por eso quise huir lejos de ti. Yo sé que eres un Dios muy bueno; te compadeces de todos. Cuando dices que vas a castigar, después cambias de opinión y no lo haces. A mí me molesta eso; prefiero que me quites la vida. Si vas a ser así, mejor mátame.

Dios le respondió a Jonás:

—¿Qué razón tienes para enojarte así?

Pero Jonás no le respondió. Salió de la ciudad y se fue a sentar a un lugar desde donde podía verlo todo. Luego construyó un refugio y se puso a esperar lo que iba a pasarle a la ciudad. Dios hizo brotar una planta para que Jonás tuviese sombra y se protegiera del sol. Luego Jonás se durmió.

DÍA 186
Dios tiene misericordia
Jonás 4:7-11

Al siguiente día, Jonás vio que la planta se había secado. Dios hizo que un gusano se comiera todas sus hojas. Cuando salió el sol, el pobre Jonás casi se desmayó del calor.

—¡Prefiero morir que seguir viviendo! —gritó Jonás.

—¿Crees que es justo que te enojes tanto porque se secó esa planta? —le preguntó Dios a Jonás.

—Por supuesto que sí —dijo Jonás—. Sin ella, prefiero morirme.

Dios le respondió:

—Estás preocupado por una planta que no sembraste ni hiciste crecer. En una noche creció, y en la otra se secó. ¿No crees que yo debo preocuparme y tener compasión por la ciudad de Nínive?

229

JONÁS

DÍA 187
Destrucción de Jerusalén

2 Crónicas 36:11-21

Sedequías era el rey de Judá. Gobernó en Jerusalén durante once años. Pero a Sedequías no le importaba obedecer a Dios. Hacía lo que él quería, no lo que a Dios le agradaba. Tampoco les hacía caso a los profetas que Dios le enviaba, y su corazón se endurecía y no se arrepentía. Nabucodonosor, el rey de Babilonia, le pidió a Sedequías que le prometiera por el nombre de Dios que sería fiel. Sedequías tampoco le hizo caso.

Como el rey desobedecía, toda la gente de Jerusalén también era desobediente. No les importaba el templo de Dios. Pero Dios no quería lastimar a su pueblo. Entonces envió unos profetas para llamarles la atención. La gente se burlaba de ellos y los insultaba. Entonces Dios castigó a la tierra de Judá. Envió al rey Nabucodonosor con todo su ejército para que los atacara. Rompieron los muros de la ciudad de Jerusalén y se llevaron a las personas a Babilonia para que fuesen sus esclavos.

Judá era una ciudad desierta. No se oía ni un perro ladrar, ni un niño reírse. Dios hizo que el territorio de Judá quedara abandonado por setenta años.

DÍA 188
Daniel y sus amigos

Daniel 1:3-7

El rey Nabucodonosor no hizo que todos los israelitas fueran esclavos. Le ordenó al jefe de su palacio que escogiera algunos de ellos para trabajar en su palacio.

—Asegúrense que sean sanos, bien parecidos e inteligentes —les dijo—. Solo quiero que los mejores trabajen para mí.

Luego les dijo:

—Deben convertirse en babilonios. No pueden hablar hebreo. Enséñenles nuestro idioma y que lean nuestros libros. Después de capacitarlos por tres años, podrán trabajar para mí.

Entonces el jefe del palacio fue a ver a los israelitas. Puso a prueba su fuerza y su inteligencia. Cuando ya había elegido a los mejores, los trajo al palacio del rey. El rey no les dejó que siguieran usando sus nombres judíos. A cada uno le puso un nombre babilonio. Daniel era uno de los jóvenes escogidos. Pero le cambió su nombre y le puso Baltasar. También fueron escogidos tres amigos de Daniel. Sus nuevos nombres eran Sidrac, Misac y Abdénago.

DANIEL

DÍA 189

La dieta del rey

Daniel 1:8-14

El rey les dejaba a Daniel y a sus amigos comer la misma comida y beber el vino que se servía en el palacio. Pero aunque oliera rico, Daniel no la comía. Solo quería comer la comida que Dios aprobaba. El jefe del palacio era bueno con Daniel. Pero le dijo:

—Debes comer, si no el rey se dará cuenta de que estás muy flaco y te mandará matar.

Pero Daniel se negaba a hacerlo. Esa noche, Daniel fue a hablar con quien estaba encargado de cuidar de él y de sus amigos, y le dijo:

—Le ruego a usted que haga con nosotros una prueba por diez días. Durante ese tiempo, denos usted de comer solamente verduras, y de beber solamente agua. Pasados los diez días, compare usted nuestra cara con la de los jóvenes que comen lo que come el rey.

DÍA 190
La prueba de fe
Daniel 1:15-21

El encargado aceptó hacer lo que Daniel le propuso. Diez días después Daniel y sus amigos se veían más sanos y fuertes que los jóvenes que comían lo mismo que el rey. Entonces el encargado les daba de comer verdura y de beber agua.

Ellos nunca se enfermaban. Eran más fuertes e inteligentes que los demás. Leían todos los libros del palacio y sabían mucho. Además, Daniel podía entender el significado de los sueños. El rey pensó que eran tan inteligentes que sus magos y sabios parecían tontos al lado de ellos. El rey les dio a Daniel y a sus amigos los puestos más altos de la corte real.

233

DANIEL

DÍA 191

El sueño de Nabucodonosor

Daniel 2:1-13

El rey Nabucodonosor comenzó a tener muchas pesadillas. Durante muchas noches, soñó lo mismo. Le corrían gotas de sudor por la frente, y tenía miedo de cerrar los ojos. Fue a ver a sus magos y sabios.

—Tuve un sueño, y me preocupa no saber qué significa —les dijo.

—Si Su Majestad nos cuenta su sueño, nosotros le diremos qué significa —dijeron ellos.

Pero el rey les dijo:

—Si ustedes me dicen lo que soñé y lo que el sueño significa, yo les daré muchos regalos. Si no pueden hacerlo, mandaré que los partan en pedazos y que conviertan sus casas en basureros.

Los sabios volvieron a decirle:

—Si Su Majestad nos cuenta lo que soñó, nosotros le diremos lo que significa.

—No —dijo el rey furioso—. Creo que ustedes quieren ganar tiempo para decirme puras mentiras. Díganme qué fue lo que soñé.

—Eso es imposible —lloraron ellos—. Solo los dioses podrían darle una respuesta. Nosotros no somos dioses!

El rey se enojó mucho y mandó que mataran a todos los sabios de Babilonia. Daniel y sus tres amigos estaban incluidos.

234

DANIEL

DÍA 192

Dios le revela el sueño de Nabucodonosor a Daniel

Daniel 2:19-48

Esa misma noche, Dios ayudó a Daniel y le aclaró el misterio del sueño. Entonces Daniel oró a Dios:

—A ti, Dios, te doy gracias y te alabo, porque me has hecho entender qué fue lo que el rey soñó.

Al siguiente día, Daniel fue a ver al encargado de reunir a los sabios para matarlos y le dijo:

—Antes de que mate usted a alguien, lléveme a ver al rey. Yo le voy a explicar lo que quiere decir su sueño.

Enseguida el encargado presentó a Daniel ante el rey.

—Su Majestad —dijo Daniel— no hay ningún sabio ni mago capaz de adivinar lo que Su Majestad quiere saber. Solo Dios puede hacerlo. Y a mí Dios me ha dado a conocer el significado de esos sueños. Su Majestad soñaba que veía una estatua muy grande y fea, la cual le causaba mucho miedo. La cabeza de la estatua era de oro puro, el pecho y los brazos eran de plata, el vientre y los muslos eran de cobre, y las piernas eran de hierro. ¡Pero los pies eran de una mezcla de hierro y barro! Mientras Su Majestad contemplaba la estatua, una piedra que nadie arrojó vino rodando, golpeó a la estatua en los pies, ¡y la estatua se vino abajo!

Este sueño quiere decir que Su Majestad es la cabeza de oro. Después de Su Majestad habrá otro rey, menos importante que usted. Luego vendrá un tercer rey, representado por el cobre, que dominará toda la tierra. Por último, vendrá otro rey que tendrá la fuerza del hierro. El último reino estará dividido. Será fuerte como el hierro, pero también será débil como el barro.

El rey estaba asombrado.

Le dijo a Daniel:

—¡Tu Dios es el Dios verdadero! Por eso tú pudiste explicarme este sueño tan misterioso.

Entonces el rey nombró a Daniel gobernador de toda Babilonia.

235

DANIEL

DÍA 193

Tres hombres valientes

Daniel 3:1-18

El rey Nabucodonosor mandó hacer una estatua de oro como la de su sueño. Tenía treinta metros de alto. Luego tuvo una celebración para presentar la estatua. Muchas personas vinieron y, cuando estaban todos reunidos, un mensajero anunció:

—En cuanto oigan la música, todos ustedes deberán inclinarse hasta el suelo y adorar a la estatua que el rey mandó hacer. Quien no se incline para adorar a la estatua, será arrojado de inmediato a un horno encendido.

En cuanto la gente oyó la música, todos se arrodillaron y adoraron a la estatua de oro. Pero Sidrac, Misac y Abdénago no se inclinaron.

—Su Majestad —gritó la gente—. Estos judíos no lo respetan, ni quieren inclinarse ante la estatua de oro. El rey Nabucodonosor se enojó muchísimo y mandó que le llevaran a Sidrac, Misac y Abdénago.

—¿Por qué no se inclinan ante mi estatua? —les preguntó.

Los tres hombres respondieron:

—Su Majestad, no tenemos miedo. Dios es capaz de librarnos del fuego. Pero aun si no quisiera hacerlo, nosotros no pensamos adorar esa estatua de oro.

DÍA 194
El horno encendido

Daniel 3:19-29

—Enciendan el horno —dijo el rey Nabucodonosor—. Y que esté siete veces más caliente que de costumbre. Estaba furioso con Sidrac, Misac y a Abdénago porque habían desobedecido sus órdenes. Los ataron a los tres con sogas. Los soldados del rey los llevaron hasta el horno. Abrieron la puerta y las llamas alcanzaron a los soldados y algunos murieron. Los tres jóvenes fueron arrojados al horno.

—Me parece que los jóvenes que echamos al horno eran tres, y los tres estaban atados —dijo el rey.

—Así es —le respondieron los consejeros.

—Entonces, ¿cómo es que yo veo a cuatro? Todos ellos están desatados, y andan paseándose por el horno, sin que les pase nada. Además, ¡el cuarto joven parece un ángel!

—¡Salgan de allí! —gritó el rey—. ¡Sidrac, Misac y Abdénago, ustedes sirven al Dios verdadero.

Los tres jóvenes salieron del horno. El fuego no les había hecho ningún daño. No se les había quemado la piel ni el pelo, ¡y ni siquiera su ropa olía a quemado!

—Bendito sea el Dios de Sidrac, Misac y Abdénago —exclamó el rey—. Él envió a su ángel para salvarlos. ¡Estaban dispuestos a morir, antes que adorar a otro dios! Por lo tanto, nadie puede hablar mal del Dios de ellos.

DANIEL

DÍA 195
La fiesta de Baltasar
Daniel 5:1-6

El rey Baltasar gobernó en Babilonia después de que Nabucodonosor muriera. Una tarde, hizo una gran fiesta. Mandó que prepararan una linda y larga mesa. Ordenó que pusieran las mejores copas de oro y plata. Entonces trajeron las copas del templo de Jerusalén. Todos los oficiales del rey estaban invitados. Bebieron y comieron, y adoraron a sus dioses que eran simples estatuas de oro, plata, cobre, hierro, madera y piedra. Mientras festejaban, una mano apareció y comenzó a escribir sobre la pared del palacio. De pronto, el rey vio la mano. Se puso blanco y comenzó a temblar de miedo.

DÍA 196
El rey Baltasar mandó traer a Daniel
Daniel 5:7-12

—¿Qué está escrito en la pared? —preguntó el rey a sus sabios—. Al que lo sepa, lo vestiré como un príncipe y le daré el tercer lugar de importancia y autoridad en mi reino.
Los sabios miraban lo que estaba escrito, pero no lo entendían. La reina entró y oyó que los hombres hablaban. Le dijo a su esposo:
—¡No se preocupe más! Hay un joven que puede explicar los sueños y las cosas misteriosas. Se llama Daniel. Llámelo usted. Él le dirá lo que significa esa escritura en la pared.

DÍA 197
Mandan traer a Daniel
Daniel 5:13-24

El rey mandó llamar a Daniel.
—Sé que tú puedes explicar cosas muy difíciles —le dijo el rey—. Si me dices qué significa lo que está escrito en la pared, te daré muchas riquezas.
—Su Majestad —respondió Daniel—. Yo puedo explicar lo que significa la escritura en la pared. Pero no tiene que hacerme ningún regalo ni darme ningún puesto importante. No los quiero. Vi lo rico que era su padre, pero su corazón era duro, y su mente como un animal. Se sentía tan importante y poderoso, que empezó a tratar mal a la gente. Por eso Dios le quitó el reino. Su Majestad hizo lo mismo que él. Mandó traer las copas del templo de Dios, y en ellas bebieron Su Majestad y todos sus invitados. Tanto

DANIEL

usted como sus invitados adoraron a sus dioses. Por eso Dios mandó que la mano escribiera en la pared.

DÍA 198
Daniel lee la escritura de la pared
Daniel 5:25-31

—Las palabras escritas —continuó diciendo Daniel— significan fin, oportunidad y partir. Significa que Dios ha decidido poner fin al reinado de Su Majestad. Su Majestad tuvo una oportunidad, pero no la aprovechó y, por eso, Dios partirá su reino entre los medos y los persas.

Enseguida el rey Baltasar ordenó que Daniel tendría el tercer lugar de mayor importancia y autoridad en Babilonia. Y esa misma noche Darío, rey de los medos, mató a Baltasar.

DÍA 199
La ley del rey Darío
Daniel 6:1-11

Darío dividió su reino y puso a distintos líderes a gobernar cada parte. Cuando supo que Daniel tenía tanta sabiduría, lo puso a cargo de los demás líderes. Los otros solo esperaban que Daniel hiciera algo malo, o que cometiera algún error, para acusarlo con el rey. Pero Daniel siempre hacía bien su trabajo.

—Lo haremos caer solamente con algo que tenga que ver con su religión —dijeron los líderes.

Entonces fueron a ver a Darío, y le dijeron:

—Queremos sugerir a Su Majestad que ponga en vigor una nueva ley por medio de la cual durante un mes nadie podrá adorar a nadie sino a usted.

El rey estuvo de acuerdo y firmó la ley. Daniel lo supo, pero de todos modos se fue a su casa para orar a Dios como lo hacía siempre. Detrás de la puerta había espías. Al ver que Daniel estaba orando, fueron a ver al rey y le dijeron:

—Su Majestad, Daniel no obedece la ley. ¡Está en su habitación orando a Dios!

DÍA 200
Daniel en la cueva de los leones
Daniel 6:11-28

Darío apreciaba a Daniel, y no lo quería lastimar. Pero dijo:

—No puedo cambiar la ley.

Entonces el rey mandó traer a Daniel, para que lo echaran en una cueva llena de leones hambrientos. Luego la taparon con una piedra muy grande y dejaron allí a Daniel para que se muriera. Esa noche, Darío no podía dormir. Seguía pensando en Daniel dentro de la cueva de los leones. Al amanecer, Darío fue a la cueva a ver qué había sucedido. Corrió la piedra.

—¿Pudo tu Dios salvarte de los leones? —gritó el rey en la oscuridad.

—Sí, Su Majestad —respondió Daniel—. Dios envió a su ángel para cerrarles la boca a los leones, para que no me hicieran

daño. Sabía que yo no hice nada malo.
El rey mandó que sacaran de la cueva a
Daniel. Dios lo había protegido porque
había confiado en él.

Más tarde, el rey mandó que trajeran a
quienes habían acusado a Daniel, y que
los echaran a la cueva de los leones. ¡Y
enseguida los leones los agarraron y los
despedazaron antes de que tocaran el suelo!

DÍA 201
El rey orgulloso
Ester 1:1-8

Asuero era el rey de Persia. Gobernaba
sobre mucha gente y tenía un gran palacio
en Susa, la capital. Un día, Asuero organizó
una gran fiesta para mostrarles a todos sus
riquezas. Invitó a todos sus funcionarios.
La cena fue un éxito y decidió que las
celebraciones duraran ciento ochenta días.
Después de eso, el rey hizo otra fiesta de
siete días para todos los que vivían en Susa,
desde el más importante hasta el menos
importante.

El rey abrió los jardines del palacio y las
mesas estaban llenas de ricas comidas. La
fiesta duró siete días. Las copas eran de oro,
cada una con un diseño original. El jardín
estaba decorado con cortinas de hilo blanco
y azul que colgaban de las columnas. El
piso era de mármol, adornado con piedras
preciosas. Pusieron muebles de oro y plata.
Todos los invitados quedaron sorprendidos.
Cuando trajeron el vino, el rey les dijo a
todos:
—Beban todo lo que quieran.

DÍA 202

La reina Vasti desobedece al rey

Ester 1:10-21

El rey y sus invitados estaban muy alegres, pues habían bebido vino. Para el séptimo día, no hacían nada más que reírse y bromear.

—Traigan a mi esposa —le dijo a sus servidores—. Quiero ver lo preciosa que se ve con su corona de reina.

Los servidores fueron a llamarla, pero la reina Vasti no quiso ir. Se quedó en su habitación. Los servidores fueron al rey a contárselo. El rey se puso furioso y golpeó la mesa con el puño. Se sentía avergonzado de que se esposa lo rechazara delante de todos sus invitados.

—Su Majestad —le dijeron los consejeros— el comportamiento de la reina es terrible. No solo ha ofendido al rey, sino también a todos los esposos del reino. Debería firmar una ley que no permita ese tipo de comportamiento. Elija a la mujer más linda del reino y que ella sea la nueva reina.

Al rey le pareció bien la idea. De inmediato firmó una ley que decía que todas las esposas debían obedecer a sus esposos. Luego los invitados se fueron a sus casas y el rey se fue a dormir. Todos estaban muy cansados de tanto comer y beber.

DÍA 203

Ester se convierte en reina

Ester 2:1-17

El rey Asuero comenzó a buscar a su nueva reina. Puso asistentes para que le buscaran las mujeres jóvenes más hermosas del reino. Ester era una de ellas. Ester era una mujer judía que había sido criada por su primo Mardoqueo, porque era huérfana.

Cuando Ester llegó al palacio, el rey la escogió a ella y a las otras favoritas para que se quedaran con él durante un año. Les dio muchos regalos, perfumes caros y aceites aromáticos. Cada una tenía su propia habitación y muchachas que las asistían. Cada día recibían un tratamiento de belleza para lucir aun más hermosas.

Durante ese tiempo, Mardoqueo entraba a escondidas al patio del palacio para asegurarse de que Ester estuviese bien. Luego le recordaba que no dijera nada a nadie, en especial al rey, acerca de que era judía.

Cuando llegó el turno de Ester para presentarse ante el rey, estaba tan preciosa y deslumbrante que el rey se enamoró de ella. Su belleza era mayor que la de las otras mujeres.

—Encontré a mi nueva esposa —le dijo a sus oficiales.

Luego le puso la corona sobre su cabeza y la nombró reina.

245

ESTER

DÍA 204
La orden de Amán

Ester 3:1-15

Después de que Ester se convirtiera en reina, su primo Mardoqueo fue nombrado oficial del palacio. Pero el rey le dio el cargo más alto a un hombre llamado Amán. Todos tenían la orden de arrodillarse ante Amán. Pero cuando le tocó el turno a Mardoqueo, no lo hizo.

—¿Por qué no te arrodillas como se te ordenó? —le preguntaban los otros oficiales.

—Porque soy judío —dijo Mardoqueo—. Y no me arrodillo ante nadie, excepto ante Dios.

Amán estaba furioso. No podía creer que alguien le faltara el respeto. Cuando supo que era porque Mardoqueo era judío, tuvo un plan. Amán fue a ver al rey y le dijo:

—Su Majestad, los judíos en su reino son diferentes de las demás personas. No obedecen las órdenes de Su Majestad. No es conveniente dejarlos vivir; deben ser destruidos.

—Tienes mi permiso —le dijo el rey—. Haz con ellos lo que te parezca.

Amán envió un anuncio a todos en el reino que decía: «Todos los hombres, mujeres y niños judíos deben morir». La noticia se pasó de boca en boca. Nadie podía creerlo. ¿Por qué ordenaría el rey algo así? La gente estaba desconcertada. Todos tenían pánico.

DÍA 205
El plan de Ester

Ester 4:8,5:9

Mardoqueo se enteró de la orden de matar a todos los judíos. Se rasgó sus ropas y caminó por Susa llorando fuertemente. Cuando vio al guardia de Ester en la plaza le dijo:

—¡Rápido, dile a Ester que van a matar a todo su pueblo! Que le ruegue al rey que salve a los judíos.

Ester recibió el mensaje de Mardoqueo ese mismo día. Ella, a su vez, le dio este mensaje: Hace ya treinta días que el rey no me llama. Nadie puede presentarse ante el rey sin ser llamado.

Mardoqueo le respondió con este mensaje: «No te vas a salvar solo porque estás en el palacio. Si no te atreves a hablar en momentos como este, todos moriremos. Yo creo que has llegado a ser reina para ayudar a tu pueblo en este momento».

Ester sabía que Mardoqueo tenía razón. Decidió ir a verlo, sin ser llamada, aunque corriera el riesgo de que la mataran. Se puso su vestido de reina y se aseguró de estar más linda que nunca. Luego abrió la puerta de la sala del palacio donde el rey estaba sentado en su trono.

—Querida mía —dijo el rey sorprendido con alegría—. ¿Qué deseas? Te daré lo que me pidas.

—He preparado un banquete en su honor —respondió Ester—. Quisiera que usted y Amán asistieran.

El rey estuvo de acuerdo y mandó llamar a Amán.

DÍA 206

Ester salva a su pueblo

Ester 7:1-6

Esa noche Ester cenó con el rey y Amán.
Comieron y bebieron juntos. Finalmente,
cuando terminaron la comida, el rey dijo:
—¿Qué deseas, reina Ester? Hasta la mitad
de mi reino te daría, si me lo pidieras.
Ester sabía que era el momento indicado.
—Su Majestad —le respondió ella—. Si en
verdad me ama, y si le parece bien, le pido
que salve mi vida y la de mi pueblo. Hay
una orden para destruir a todos los judíos.
—¿Y quién se atrevió a hacer esto?
—preguntó el rey.
—Amán —dijo Ester—. ¡Nuestro enemigo es
este malvado!
Amán miró al rey y a la reina, una y otra
vez. Se puso pálido y sus ojos estaban llenos
de temor.

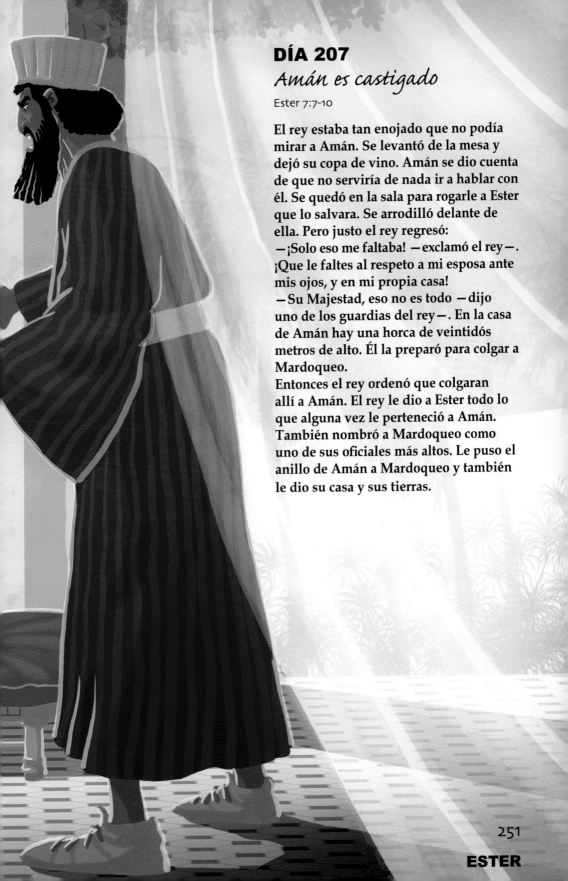

DÍA 207
Amán es castigado

Ester 7:7-10

El rey estaba tan enojado que no podía
mirar a Amán. Se levantó de la mesa y
dejó su copa de vino. Amán se dio cuenta
de que no serviría de nada ir a hablar con
él. Se quedó en la sala para rogarle a Ester
que lo salvara. Se arrodilló delante de
ella. Pero justo el rey regresó:
—¡Solo eso me faltaba! —exclamó el rey—.
¡Que le faltes al respeto a mi esposa ante
mis ojos, y en mi propia casa!
—Su Majestad, eso no es todo —dijo
uno de los guardias del rey—. En la casa
de Amán hay una horca de veintidós
metros de alto. Él la preparó para colgar a
Mardoqueo.
Entonces el rey ordenó que colgaran
allí a Amán. El rey le dio a Ester todo lo
que alguna vez le perteneció a Amán.
También nombró a Mardoqueo como
uno de sus oficiales más altos. Le puso el
anillo de Amán a Mardoqueo y también
le dio su casa y sus tierras.

251

ESTER

DÍA 208

Hora de celebrar

Ester 8:3-17, 9:1-28

El rey Asuero le dijo a Ester y a Mardoqueo:

—Ahora pueden cambiar la orden. Séllenla con mi anillo, así nunca más la volverán a cambiar. ¡Salven a su pueblo! Se volvió a escribir la ley para que no se pudiera matar a los judíos. Los secretarios escribieron la nueva ley y los mensajeros anunciaron el mensaje lo más rápido posible. Todos los judíos del reino hicieron fiesta y celebraron. Todos los judíos se unieron. Y no importaba quién les quisiera hacer daño, Dios estaba con ellos. Luchaban contra sus enemigos y todos tenían miedo de su poder. Mardoqueo escribió todo lo que había sucedido. Luego envió cartas a los judíos diciendo: «Este mes es un tiempo donde nuestras lágrimas se convirtieron en sonrisas y celebración. Hagan fiesta y compartan su comida con familiares y amigos, y también con los pobres. Nunca se olviden de lo bueno que Dios fue con ustedes».

El Nuevo Testamento

DÍA 209

Un ángel visita a Zacarías

Lucas 1:5-25

Zacarías era un sacerdote de Judea. Su esposa se llamaba Isabel. Los dos eran muy viejos, y Dios no les había dado ningún hijo.

Un día, Zacarías estaba en el templo cuando oyó una voz decir:

«¡No tengas miedo!». Zacarías miró hacia arriba y vio un ángel parado en el altar.

«Tu esposa Isabel tendrá un hijo. Tu hijo va a ser muy importante ante Dios. Hará que muchos en Israel dejen de hacer lo malo y obedezcan a Dios. Su mensaje hará que los padres se reconcilien con sus hijos. Lo llamarán Juan».

Zacarías no sabía qué pensar. «Mi esposa y yo somos ya muy viejos. ¿Cómo sabré que todo pasará tal como dices?», le preguntó al ángel.

«Yo soy Gabriel, ayudante especial de Dios. Él me envió a darte esta buena noticia. Sé que no me creíste, pero ya verás la bendición que Dios tiene para ti».

Zacarías no sabía qué hacer. Fue a su casa y le contó a Isabel todo lo que el ángel le había dicho. Isabel no tenía ninguna duda de que Dios cumpliría su promesa. «Dios ha hecho esto conmigo», se dijo a sí misma. «Finalmente voy a ser mamá».

EL NACIMIENTO DE JESÚS

DÍA 210
Un ángel visita a María

Lucas 1:26-38

Luego Gabriel fue a la ciudad de Nazaret. Tenía un mensaje para una joven llamada María.

—Saludos —le dijo—. ¡Dios te ha bendecido de manera especial!

Pero María tenía miedo. No sabía de qué hablaba el ángel.

—No tengas miedo, María, porque Dios te ha dado un gran privilegio —le dijo el ángel—. Vas a quedar embarazada; y tendrás un hijo, a quien le pondrás por nombre Jesús. Este niño llegará a ser muy importante, y lo llamarán «Hijo del Dios Altísimo». Dios lo hará rey, como hizo con su antepasado David; y su reinado no terminará nunca.

—¿Cómo pasará esto, si aún no me he casado? —preguntó María.

El ángel le contestó: «El Espíritu Santo se acercará a ti; el Dios Altísimo te cubrirá con su poder. Por eso el niño será llamado "Hijo de Dios". Tu prima Isabel, aunque ya es muy vieja, también va a tener un hijo. Para Dios todo es posible».

—Yo soy la esclava del Señor —respondió María—. Que suceda todo tal como me lo has dicho.

Y el ángel se fue.

255

DÍA 211
María e Isabel
Lucas 1:39-45

María estaba muy contenta. Salió corriendo de Judea para ver a su prima Isabel.

—¡Oí las buenas noticias! Dios te bendijo con un bebé —le dijo María—. Y el ángel de Dios me dijo que yo también voy a tener un hijo. Será el hijo de Dios y se llamará Jesús.

En ese momento, Isabel sintió que el niño saltó de alegría dentro de ella.

—Mi bebé se está moviendo, ¡está alegre! —le dijo Isabel—. Sabe que ha bendecido al hijo que tendrás. ¡Dios te ha bendecido más que a todas las mujeres!

María estaba muy feliz. Isabel vio que María confiaba en Dios por completo.

—¡Dios te ha bendecido porque confiaste en sus promesas! Él sabe que tu fe es grande. Estoy muy contenta que hayas venido a darme esta hermosa noticia.

DÍA 212
El sueño de José
Mateo 1:18-24

María estaba comprometida para casarse con José. José era un hombre bueno y María lo amaba mucho. Pero después de que el ángel le contara acerca de Jesús, ya no estaba segura si debían casarse. Ella lo habló con él, y decidieron romper el compromiso. José no quería que María no fuese fiel ante Dios.

Esa noche, José estaba en su cama cuando un ángel le habló.

—José —le dijo— no tengas miedo de casarte con María. El Espíritu Santo fue quien hizo que ella quedara embarazada. Cuando nazca el niño, lo llamarás Jesús. Él va a salvar a su pueblo del castigo que merece por sus pecados.

José se despertó y sintió gozo en su corazón. Se acordaba del sueño y se lo contó a María. Los dos se casaron con la bendición de Dios.

EL NACIMIENTO DE JESÚS

DÍA 213
Nacimiento de Jesús
Lucas 2:1-7

El emperador de Roma hizo un censo, es decir, una lista de toda la gente que vivía en el imperio romano. La gente tenía que anotarse en su ciudad de nacimiento. José se fue de Nazaret camino a Belén, porque pertenecía a la familia de David. Lo acompañó María, que estaba casi lista para tener el bebé.

Cuando llegaron, ya era de noche y estaban muy cansados. Fueron a buscar un cuarto para pasar la noche, pero no había más lugar. María y José se hospedaron en un establo. Era un lugar acogedor, con animales y paja. Esa noche, María tuvo a Jesús. Lo envolvió para que no tuviera frío y preparó una camita con paja para poder acostar a Jesús. María y José lo contemplaban mientras se dormía. Era un niño hermoso.

DÍA 214
Los pastores
Lucas 2:8-20

Esa noche, unos pastores estaban en el campo cuidando sus ovejas. De pronto, el ángel de Dios se les apareció y los encandiló con su luz. Los pastores se asustaron mucho.

—No tengan miedo —les dijo el ángel—. Les traigo una buena noticia. ¡Su Salvador acaba de nacer en Belén! ¡Es el Mesías, el Señor! Lo reconocerán porque está durmiendo en un pesebre.

De pronto, muchos ángeles aparecieron en el cielo y alabaron a Dios cantando: «¡Gloria a Dios en el cielo, y paz en la tierra!».

Los pastores quedaron solos en la oscuridad de la noche. Pero la luz aún brillaba en sus ojos.

—¡Vayamos corriendo a Belén para ver esto que Dios nos ha anunciado! —se dijeron entre sí.

Los pastores fueron a Belén y encontraron al Jesús acostado en el pesebre. —El ángel dijo que es el Mesías, el Señor —le dijeron los pastores a María. Luego se inclinaron y adoraron al niño. María oyó lo que los pastores le dijeron y guardó las palabras como tesoros en su corazón. Los pastores se fueron y durante el camino iban alabando a Dios.

DÍA 215
El rey Herodes oye hablar de Jesús

Mateo 2:1-6

La noticia del nacimiento de Jesús llegó hasta tierras lejanas. Tres hombres sabios de un país del Oriente viajaron para verlo. No sabían dónde estaba, así que fueron a Jerusalén a ver al rey Herodes.

—¿Dónde está el niño que nació para ser el rey de los judíos? —preguntaron—. Vimos su estrella en el oriente y hemos venido a adorarlo.

El rey Herodes nunca había oído hablar de Jesús. Pero comenzó a ponerse nervioso. «Así que lo llaman rey», se dijo a sí mismo. «Pensé que yo era el único rey».

Entonces reunió a los sacerdotes principales y a los maestros de la Ley, y les preguntó: «¿Dónde tiene que nacer el Mesías?»

Ellos le dijeron: «En Belén de Judea, porque así lo anunció el profeta. Dicen que será el líder de Israel y guiará a su pueblo así como un pastor guía a sus ovejas».

260

EL NACIMIENTO DE JESÚS

DÍA 216
Los tres hombres sabios

Mateo 2:7-12

El rey Herodes mandó llamar a los tres hombres sabios. Les dijo: «Vayan a Belén y averigüen todo lo que puedan acerca del niño. Cuando lo encuentren, avísenme. Yo también quiero ir a adorarlo». Los sabios estuvieron de acuerdo con el rey y salieron hacia Belén. Siguieron la estrella brillante hasta que se detuvo sobre la casa donde vivía Jesús con María y José. «Al fin llegamos», dijeron los sabios. Estaban contentos porque habían viajado durante mucho tiempo.

Cuando vieron al niño Jesús, se arrodillaron y le presentaron regalos a sus pies. Le habían traído oro, incienso y mirra de su país del Oriente. Adoraron y alabaron a Jesús.

Esa noche, mientras los tres sabios dormían, una voz les habló en un sueño. Les dijo que no volvieran a ver a Herodes. Ellos, entonces, regresaron a su país por otro camino.

EL NACIMIENTO DE JESÚS

DÍA 217

Jesús de Nazaret

Mateo 2:13-23; Lucas 2:39-40

El rey Herodes esperó a que los sabios volvieran a decirle dónde estaba Jesús. Pero nunca regresaron. Pensó que lo estaban engañando. Herodes estaba celoso de Jesús y toda la atención que recibía. No quería que Jesús creciera y se convirtiera en rey. Entonces ordenó matar a todos los bebés varones de Belén.

Esa noche, un ángel se le apareció a José en un sueño. «Levántate», le dijo el ángel. «Escapa a Egipto con el niño y con su madre, y quédate allá hasta que yo te avise, porque Herodes va a buscar al niño para matarlo.» De inmediato, José se levantó y despertó a María. Cargaron su burro con las cosas que tenían y salieron hacia Egipto.

Un tiempo después, un ángel se le apareció a José en un sueño y le dijo: «Regresa ahora mismo a Israel, junto con el niño y la madre, porque ya murió el rey Herodes y no hay más peligro».

El ángel le dijo a José que fueran a la ciudad de Nazaret. Entonces José y María criaron a Jesús en esa ciudad, y Jesús crecía sano y feliz. Aunque todavía era niño, ya era muy sabio.

LA NIÑEZ DE JESÚS

DÍA 218
Jesús en el templo

Lucas 2:41-52

María y José iban a Jerusalén cada año a celebrar la fiesta de la Pascua. Cuando Jesús cumplió doce años, los acompañó a Jerusalén. Cuando la fiesta terminó, María y José se prepararon para regresar a su casa. Pensaron que Jesús estaba con algunos amigos en la caravana. Pero sus amigos dijeron: «No, no lo hemos visto». Entonces María comenzó a preocuparse.

—No puede ser, lo perdimos —lloraba. Volvieron a Jerusalén a buscarlo. Tres días después, encontraron a Jesús en el templo. Estaba hablando con los maestros de la Ley, y les hacía preguntas. Todos en el templo estaban admirados de su inteligencia.

—¡Hijo! —exclamó María cuando lo vio—. ¿Por qué nos has hecho esto? Tu padre y yo te hemos buscado.

Jesús les respondió: —¿Y por qué me buscaban? ¿No sabían que yo debo estar en la casa de mi Padre?

Luego regresó con sus padres a Nazaret. María pensaba mucho en lo que Jesús había dicho. María estaba muy contenta con Jesús, y Dios también. Cuando Jesús no estaba en la casa, María ya sabía dónde encontrarlo.

263

DÍA 219
Juan Bautista
Juan 1:19-28

Así como lo prometió el ángel, Zacarías tuvo un hijo llamado Juan que era muy sabio y se convirtió en un gran líder. Juan bautizaba a la gente con agua, por eso lo llamaban Juan Bautista. Los jefes de los judíos que vivían en Jerusalén tenían curiosidad acerca de Juan. Querían saber bien quién era.

—¿Eres el Mesías? —le preguntaron.

—Yo no soy el Mesías —les dijo.

—¿Eres Elías? —volvieron a preguntarle.

—No —respondió Juan—. No soy Elías.

—¿Eres tú el profeta que Dios iba a enviar?

—No —respondió Juan.

—Dinos, ¿quién eres tú? —le preguntaron—. Tenemos que llevar una respuesta.

Entonces Juan repitió las palabras del profeta Isaías: «Yo soy el que grita en el desierto: "Prepárenle el camino al Señor"».

Entonces los jefes se fueron. Pero algunos fariseos vinieron a verlo. Lo encontraron dentro del río Jordán. Juan estaba bautizando a unas personas.

—Si tú no eres el Mesías, ni Elías ni el profeta, ¿por qué bautizas?

Juan contestó: —Yo bautizo con agua. Pero hay entre ustedes uno a quien todavía no conocen, más importante que yo, y ni siquiera merezco ser su esclavo.

DÍA 220
Juan habla de Jesús
Juan 1: 29-34

Al siguiente día, Jesús vino a visitar a Juan. La gente se había reunido para escucharlo hablar. Pero cuando Juan vio que Jesús se acercaba, dejó de hablar. Entonces les dijo: «¡Aquí viene el Cordero de Dios que quita el pecado de la gente del mundo! Por medio de él, Dios les perdonará a ustedes todos sus pecados. Me refería a él cuando dije: "Después de mí viene uno que es más importante que yo, porque existe desde antes de que yo naciera". Yo no sabía quién era, pero Dios me mandó a bautizar con agua para que todos puedan conocerlo».

Luego dijo: «Conozco a Jesús de toda la vida. Es familiar mío. Pero no siempre supe quién era Jesús. Dios me dio un trabajo que hacer. Me envió a bautizar a la gente con agua. Luego me dijo: "Conocerás al que bautiza con el Espíritu Santo". Y estaba allí y lo vi con mis dos ojos. El Espíritu de Dios bajó del cielo en forma de paloma y se colocó sobre Jesús. Él es quien puede bautizarlos con el agua de vida».

265

DÍA 221

Jesús se bautiza

Mateo 3:1-17

Años después, Juan Bautista salió
al desierto de Judea para predicarle a
la gente. Juan se vestía con ropa hecha
de pelo de camello. Comía lo que
encontraba, como miel silvestre, frutas
y saltamontes. A cualquier persona que
conocía le hablaba de Dios. Muchos iban
a escuchar a Juan. «Vuélvanse a Dios»,
les decía, «porque muy pronto su reino se
establecerá aquí».

Las personas le confesaban sus pecados y
él los bautizaba en el río.

Un día, Jesús fue a visitar a Juan. Le
dijo que él también quería bautizarse.
Pero Juan le dijo: «Jesús, ¡tú deberías
bautizarme a mí!» Pero Jesús le
respondió: «Dios quiere que me bautices
a mí. Y debemos cumplir con lo que Dios
manda. Para eso vine». Entonces Juan
bautizó a Jesús en el río Jordán. Cuando
Jesús salió del agua, vio que el cielo se
abría. El Espíritu de Dios bajaba sobre él
en forma de paloma.

—Este es mi Hijo —dijo la voz de Dios—.
Yo lo amo mucho y estoy muy contento
con él.

266

EL MINISTERIO DE JESÚS

DÍA 222
Jesús vence al diablo

Lucas 4:1-15

El Espíritu de Dios guiaba a Jesús. Un día, lo llevó al desierto. Jesús vivió en el desierto durante cuarenta días y cuarenta noches. No comió nada porque estaba ocupado oyendo a Dios. El diablo también estaba allí. Trató de hacerlo caer en sus trampas para que Jesús desobedeciera a Dios.

Un día Jesús comenzó a sentir ruidos en su estómago porque tenía hambre.

—Si en verdad eres el Hijo de Dios —le dijo el diablo— ordena que estas piedras se conviertan en pan. ¡Piensa en lo rico que va a saber!

Pero Jesús le contestó: «No solo de pan vive la gente».

Después el diablo llevó a Jesús a un lugar alto. Desde allí, le mostró muchos países.

—Yo te haré dueño de todos ellos, si te arrodillas delante de mí y me adoras —le dijo el diablo.

Pero Jesús le respondió: «Yo solo adoro a Dios». Finalmente, el diablo llevó a Jesús al templo de Jerusalén.

—Súbete al techo —le dijo el diablo— y tírate desde allí, a ver si sus ángeles te sostienen.

Pero Jesús le contestó: «Nunca trates de hacer caer a Dios en una trampa».

Después de este tiempo en el desierto, Jesús regresó a Galilea. Jesús resistió todas las trampas del diablo y fue fiel al Dios verdadero.

267

DÍA 223

Jesús llama a sus primeros discípulos

Mateo 4:18-22

Jesús pasaba por la orilla del lago de Galilea cuando vio a dos hermanos. Uno era Simón, conocido como Pedro, y el otro Andrés. Eran pescadores, y estaban tirando las redes al lago.

Jesús les dijo: «Síganme. En lugar de pescar peces, les voy a enseñar a ganar seguidores para mí».

En ese mismo instante, Pedro y Andrés dejaron sus redes y siguieron a Jesús. Jesús continuó caminando y vio a Santiago y a Juan, hijos de Zebedeo. Estaban en una barca con su padre, arreglando las redes. Jesús los llamó a los dos. Ellos salieron de inmediato de la barca, dejaron a su padre y siguieron a Jesús.

DÍA 224
Pescadores de hombres

Lucas 5:1-11

Jesús estaba a la orilla de un lago enseñándole a un grupo de personas. Dos barcas estaban amarradas cerca del agua. Jesús se subió a la barca de Simón Pedro. Le dijo a Pedro que remara un poco más lejos de la orilla. Jesús enseñaba desde la barca mientras que la gente oía desde la orilla. Cuando terminó de enseñarles, le dijo a Pedro que llevara la barca a la parte honda del lago.

—Lanza las redes para pescar —le dijo Jesús.

—Maestro —respondió Pedro— toda la noche estuvimos trabajando mucho y no pescamos nada. Pero, si tú lo mandas, voy a echar las redes.

Pedro echó las redes y se llenaron con cientos de pescados. Eran tan pesados que las redes comenzaron a romperse.

—¡Ayuda, por favor! —gritó Pedro a los otros pescadores.

Entonces Santiago y Juan acercaron su barca y los ayudaron a recoger las redes. Justo después de que terminaran, las barcas comenzaron a hundirse. Había demasiados peces para poder pescarlos todos. Cuando Pedro vio todos los

270

pescados, se dio cuenta de que Jesús era el hijo de Dios. Se arrodilló delante de Jesús y le dijo:

—¡Señor, apártate de mí, porque soy un pecador!

Jesús le respondió: —No tengas miedo. De hoy en adelante, en lugar de pescar peces, voy a enseñarte a ganar seguidores para mí.

Cuando llegaron a la orilla, dejaron todo para convertirse en discípulos de Jesús.

DÍA 225
Jesús convierte agua en vino
Juan 2:1-11

Jesús fue a una boda en Galilea con sus discípulos. María, la madre de Jesús, también estaba allí. Más tarde, el vino se acabó. Entonces María le dijo a Jesús:

—Ya no tienen vino.

Pero Jesús le dijo a su madre:

—Madre, ese no es asunto nuestro. Aún no ha llegado el momento de que yo les diga quién soy.

Había seis tinajas grandes en la fiesta. Todas estaban vacías; entonces Jesús les dijo a los sirvientes que las llenaran con agua.

Luego agregó:

—Ahora, saquen un poco y llévenselo al encargado de la fiesta, para que lo pruebe.

Los sirvientes obedecieron. Cuando el encargado de la fiesta probó el agua, se dio cuenta de que se había convertido en vino.

Llamó al novio y le dijo:

—¡Qué sorpresa! Siempre se sirve el mejor vino primero y luego el vino corriente. Tú, en cambio, has dejado el mejor vino para el final.

Los discípulos se reían entre sí. Ellos sabían que Jesús había hecho un milagro. Su fe en Jesús aumentó.

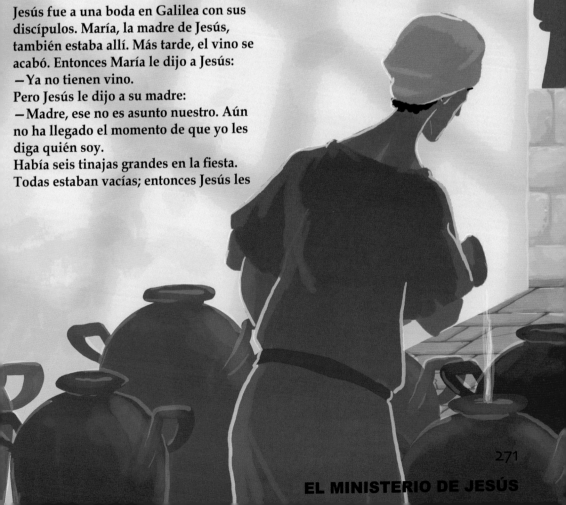

EL MINISTERIO DE JESÚS

DÍA 226

Jesús va al templo

Juan 2:13-22

Jesús fue a Jerusalén. Cuando llegó, quiso ir al templo. Pero cuando entró, algo lo sorprendió. La gente estaba vendiendo y comprando animales, unos con otros. Algunos negociaban con vacas y ovejas. Otros querían impresionar con sus palomas. Había mesas de cambio de dinero por todos lados, y hombres contando monedas para calcular la ganancia que habían obtenido.

Jesús no podía creer lo que veía. Comenzó a voltear las mesas y arrojó las monedas al suelo.

—¡La casa de Dios, mi Padre, no es un mercado! —dijo Jesús—. Luego echó a todos fuera.

—Esta es una casa de oración.

Cuando todos se fueron, Jesús quedó solo. Pero los jefes de los judíos vinieron a verlo y le preguntaron:

—¿Quién eres para enojarte así? Muéstranos un milagro así podremos saber quién eres. Entonces podremos confiar que hiciste lo correcto.

Jesús les contestó:

—Si destruyen el templo, en tres días volveré a construirlo.

—Eso es imposible —respondieron los jefes de los judíos—. Tardamos cuarenta y seis años en edificarlo.

Pero no se dieron cuenta de lo que Jesús estaba hablando. El templo al que Jesús se refería era su propio cuerpo. Cuando Jesús resucitó, los discípulos recordaron sus palabras. Jesús había reconstruido el templo como había prometido.

DÍA 227

Jesús y Nicodemo

Juan 3:1-21

Nicodemo era jefe de los judíos y fariseo. Una tarde, fue a ver a Jesús.

—Maestro, sabemos que Dios te ha enviado a enseñarnos —le dijo a Jesús—. Nadie podría hacer los milagros que tú haces si Dios no estuviera con él.

Jesús le dijo:

—Te aseguro que si una persona no nace de nuevo no podrá ver el reino de Dios.

Nicodemo estaba confundido.

—¿Cómo puede volver a nacer alguien que ya es viejo?

—Todos nacen de padres humanos; pero los hijos de Dios solo nacen del Espíritu. Si le pides al Espíritu Santo que entre en ti, entonces naces de nuevo como hijo de Dios. El reino de los cielos es tuyo.

Luego, Jesús le dijo a Nicodemo:

272

—Dios amó tanto a la gente de este mundo, que me entregó a mí, que soy su único Hijo, para que todo el que crea en mí no muera, sino que tenga vida eterna. Porque Dios no me envió a este mundo para condenar a la gente, sino para salvarla. Todos los que hacen lo malo odian la luz, para que no se descubra lo que están haciendo. Pero los que prefieren la verdad sí se acercan a la luz, pues quieren que los demás sepan que obedecen todos los mandamientos de Dios.

DÍA 228
El agua que da vida
Juan 4:4-26

Jesús viajó con sus discípulos por Samaria. Llegaron al mismo lugar que Jacob le había dado a José mucho tiempo atrás. Incluso el pozo de agua que perteneció a Jacob estaba allí. Jesús estaba cansado, entonces se sentó mientras los discípulos iban a comprar comida. En eso, una mujer de Samaria llegó a sacar agua del pozo.

—Dame un poco de agua —le dijo Jesús a la mujer.

—¡Pero si usted es judío! —le respondió ella—. ¿Cómo es que me pide agua a mí, que soy samaritana? Los samaritanos y los judíos no deben hablarse unos con otros.

Jesús le respondió:

—Tú no sabes quién soy yo. Si lo supieras, tú me pedirías agua, y yo te daría el agua que da vida.

—Señor —le dijo la mujer—, ni siquiera tiene usted con qué sacar agua de este pozo profundo. ¿Cómo va a darme esa agua?

Jesús le contestó:

—Cualquiera que bebe del agua de este pozo vuelve a tener sed, pero el que beba del agua que yo doy nunca más tendrá sed. Porque esa agua es como un manantial del que brota vida eterna.

La mujer se encogió de hombros.

—Yo sé que va a venir el Mesías, a quien también llamamos el Cristo. Cuando Él venga, nos explicará todas las cosas —respondió ella.

—Yo soy el Mesías —dijo Jesús—. Yo soy, el que habla contigo.

DÍA 229
Los samaritanos creen en Jesús
Juan 4:27-42

Cuando llegaron los discípulos, encontraron a Jesús en el pozo. Todavía estaba hablando con la mujer samaritana. La mujer dejó su cántaro y se fue al pueblo a contarles a todos acerca de Jesús. Los discípulos dijeron:

—Trajimos comida. Maestro, por favor, come algo.

Pero Él les dijo:

—Yo tengo una comida que ustedes no conocen.

Los discípulos se preguntaban:

—¿Será que alguien le trajo comida?

—No —les explicó Jesús—. Mi comida es obedecer a Dios, y completar el trabajo que Él me envió a hacer. El granjero siembra, pero otros es el que cosecha. Yo soy como ese granjero. Yo voy a hacer el trabajo que Dios me envió a hacer, y otros son los que se beneficiarán de él.

Cuando la gente de Samaria se enteró de Jesús por lo que la mujer del pozo les contó, muchas personas fueron a verlo. A Jesús le gustaba hablar con la gente, por eso se quedó en Samaria dos días. Les dijo que había venido para perdonarles sus pecados. Les contó acerca del camino correcto para seguir a Dios y cómo entrar en el reino de los cielos. Los samaritanos

EL MINISTERIO DE JESÚS

creyeron en Él. Le dijeron a la mujer del pozo:

— Ahora creemos, no por lo que tú nos dijiste sino porque nosotros mismos lo hemos oído; y sabemos que en verdad Él es el Salvador del mundo.

EL MINISTERIO DE JESÚS

DÍA 230
Jesús sana al hijo de un oficial

Juan 4: 43-54

Cada día, Jesús tenía más seguidores. Muchas personas creían en Él. Algunas de ellas lo habían visto hacer milagros. Otros, con solo oírlo hablar, sabían que era el Hijo de Dios. Después de que Jesús viajara por un largo tiempo, volvió a Galilea. La gente allí lo recibió.

En Galilea, Jesús recorrió la ciudad donde transformó el agua en vino. Un hombre se enteró de que Jesús estaba en esa ciudad, así que caminó mucho para verlo. Cuando llegó a donde estaba Jesús, se arrodilló.

—Jesús —le rogó—. Sana a mi hijo. Está muy enfermo, y pronto va a morir.

Pero Jesús le contestó:

—Tú solo crees en Dios si ves señales y milagros.

—Por favor —insistió el hombre— antes de que sea demasiado tarde.

Entonces Jesús le dijo:

—Regresa a tu casa. Tu hijo vive.

El hombre creyó lo que Jesús dijo. Le dio las gracias y se fue. Al día siguiente, cuando estaba cerca de su casa, sus criados salieron a su encuentro.

—No lo vas a creer —le dijeron—. A tu hijo se le quitó la fiebre ayer a la una de la tarde. Tu hijo vive.

El padre del muchacho nunca dudó de Jesús. Sabía que él cumpliría su promesa. Fue exactamente a la una de la tarde del día anterior cuando Jesús le había hecho la promesa.

—Alabado sea Dios —exclamó el hombre—. ¡Dios hace cosas maravillosas!

276

DÍA 231

La autoridad del Hijo de Dios

Juan 5: 19-30

Jesús le dijo a la gente: «El Hijo de Dios no puede hacer nada sin el Padre. Como el Padre ama a su Hijo, le da el poder para hacer milagros. Pero el Padre puede hacer cosas aún más grandes. Así como el Padre puede dar vida, también el Hijo puede hacerlo».

»Cuando alguien honra al Hijo, el Padre se complace. Por eso, todo el que preste atención a lo que digo, y crea en Dios, que fue quien me envió, tendrá vida eterna. »Ahora es cuando los que viven alejados de Dios me oirán a mí, que soy su Hijo. Si me obedecen, tendrán la vida eterna. Ayúdense los unos a los otros y hagan buenas obras. Oigan mis palabras y obedézcanlas. Recuerden que digo esto porque el Padre me envió y yo lo obedezco. Él me enseño a juzgar correctamente».

277

EL MINISTERIO DE JESÚS

DÍA 232
Testigos de Jesús
Juan 5: 31-47

Jesús dijo: «Muchas personas les hablaron de mí. Juan Bautista les dijo que mi Padre me había enviado. Ustedes se alegraban de escuchar sus enseñanzas. Juan era como una lámpara encendida en la oscuridad. También se alegraron al escuchar las palabras de los profetas. Moisés escribió sobre mí. Si le creyeron a Moisés, también deberían creerme a mí. »Pero hay alguien más importante que

Juan que habla por mí. Y alguien más importante que Moisés y su mensaje. ¿Por qué oyen sus voces pero no la de aquel de quien hablaron? El Padre me envió, y Él habla bien de mí. Pero ustedes no escuchan su voz porque no creen en su Hijo.

»A mí no me interesa que la gente hable bien de mí. No lo digo para sentirme bien. A ustedes sí les gusta que sus amigos hablen bien de ustedes. Pero yo no vine a eso. Yo quiero que Dios hable bien de mí. Crean en mí, y Dios también hablará bien de ustedes».

279

EL MINISTERIO DE JESÚS

DÍA 233

Jesús sana a un hombre que no podía caminar

Lucas 5:17-26

En cierta ocasión, Jesús estaba enseñando a un grupo de personas que habían venido de distintos lugares de Israel para oírlo hablar. Toda la gente se reunió en una habitación, y pronto ya no había lugar para pararse ni sentarse. Llegaron unas personas con una camilla en la que llevaban a un hombre que no podía caminar. Pero había tanta gente que no podían ponerlo delante de Jesús. Entonces, uno de los hombres que lo llevaba tuvo una idea. Lo subieron al techo. Luego abrieron un agujero y bajaron la camilla delante de Jesús. Cuando Jesús vio la gran confianza que aquellos hombres tenían en él, le dijo al enfermo:

—¡Amigo, te perdono tus pecados!

Los fariseos escucharon eso y se enojaron.

—¿Y este quién se cree que es? —decían ellos—. ¡Solo Dios puede perdonar pecados!

Entonces Jesús les dijo:

—El Hijo del hombre fue enviado por Dios para perdonar los pecados del mundo. ¿Por qué piensan así?

Jesús miró al hombre y sonrió.

—Me demostraste que confías en mí. Toma tu camilla y vete caminando a tu casa.

El hombre se levantó. Sus piernas fueron sanadas, ¡y ahora podía caminar!

—¡Vimos un milagro! —se dijeron entre sí.

Después alabaron a Dios y dijeron:

—Confiamos en ti.

DÍA 234

Jesús volverá a ver a su Padre

Juan 7: 32-36

Jesús se había vuelto muy popular. Todos hablaban de los increíbles milagros que hacía. Aquellos que creían eran

EL MINISTERIO DE JESÚS

sus seguidores. Pero algunas personas no querían a Jesús. Algunos fariseos pensaron que Jesús tenía mucho poder. Entonces, fueron a los guardias del templo y les dijeron:

—Es hora de arrestar a Jesús. Está causando muchos problemas.

Jesús sabía lo que le iba a suceder. Le dijo a sus seguidores:

—Solo estaré con ustedes un poco más. Luego volveré a ver a mi Padre. Cuando me vaya, me van a buscar. Pero voy a un lugar al que no me pueden seguir.

—¿Adónde va? —se preguntaban sus seguidores—. ¿Por qué no podemos ir con Él? Tal vez se va a un lugar muy lejos. O tal vez se va a Grecia a enseñarle de Dios a la gente allí. ¿Por qué dijo que no podíamos seguirlo?

Pero ninguno de ellos entendió lo que Jesús había querido decir.

DÍA 235
Nicodemo defiende a Jesús
Juan 7:52

Los guardias del templo tenían órdenes de arrestar a Jesús. Pero él no había hecho nada malo. Entonces, en vez de arrestarlo, se quedaban a escucharlo hablar. Estaban admirados de las cosas que decía. Más tarde, fueron a ver a los fariseos y les dijeron:

—Jesús no es un criminal. Nunca nadie habló como él.

—Los engañaron —respondieron los fariseos—. Ninguno de nosotros cree lo que él dice.

Entonces los fariseos y los guardias comenzaron a discutir. Todos tenían una opinión distinta acerca de quién era Jesús. Y también sobre qué deberían hacer con él.

Nicodemo era uno de los hombres del consejo. Él defendió a Jesús.

—Oigan cómo pelean —les dijo—. ¿Acaso Jesús no tiene el derecho de defenderse a sí mismo?

Los fariseos se rieron de Nicodemo.

—Debes ser de Galilea —le dijeron burlándose—. ¿Por qué defiendes a un hombre de esa ciudad? Nada bueno sale de Galilea. Mucho menos un profeta. Eso es lo que dicen las escrituras.

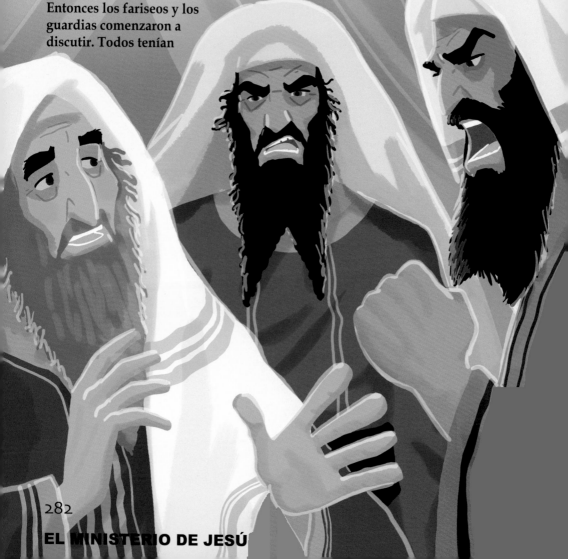

DÍA 236

Mateo y los invitados a la cena

Marcos 2:13-17

Mientras Jesús caminaba vio a Mateo. Mateo estaba sentado en el lugar donde cobraba los impuestos para Roma.

—Sígueme —le dijo Jesús.

Entonces Mateo se levantó enseguida y lo siguió.

Esa noche, Mateó invitó a cenar a Jesús a su casa. Los discípulos y los fariseos también fueron. Pero cuando los fariseos se enteraron que Mateo era cobrador de impuestos, se enojaron.

—¿Por qué Jesús come con cobradores de impuestos? ¿Acaso no sabe que son pecadores?

Jesús los oyó y les preguntó:

—¿Alguna vez vieron a una persona sana que vaya al médico? Solo los enfermos necesitan ir al médico. Y yo vine a invitar a los pecadores para que regresen a Dios, no a los que se creen buenos.

283

DÍA 237

María y Marta

Lucas 10:38-42

Jesús viajaba con sus discípulos. Estaban cansados y agotados del viaje. Cuando llegaron al pueblo de Betania, pararon para descansar.

Marta y María eran dos hermanas que vivían en Betania. Invitaron a Jesús y a sus discípulos a su casa. Marta había oído de Jesús, y sabía que era un invitado especial. Estaba preocupada por el orden y por cómo lucía la casa.

—¿Qué pensará Jesús de mi casa si la ve así? —se preocupaba.

Entonces Marta corrió por todos lados, barriendo, limpiando el polvo, y cocinando.

La hermana de Marta también había oído de Jesús. Estaba tan contenta de verlo, que se sentó a sus pies. Mientras Jesús hablaba, María oía cada palabra. Marta estaba frustrada.

—Yo estoy trabajando sola —le dijo a Jesús—. María no está haciendo nada. ¿No te parece injusto?

Jesús respondió:

—Marta, por qué te preocupas tanto. Solo se necesita una cosa. María escogió lo que es mejor. Escogió sentarse a oír mis palabras.

LA ENSEÑANZA DE JESÚS

DÍA 238
Las semillas

Marcos 4:1-8

Otro día, Jesús estaba enseñando a la orilla del lago de Galilea y mucha gente se reunió para escucharlo. Entonces, Jesús tuvo que subir a una barca para hablar desde allí mientras la gente se quedaba de pie en la playa. Les contó esta historia: «Un campesino salió a sembrar trigo. Algunas semillas cayeron en un terreno con muchas piedras y poca tierra. Como la tierra era poco profunda, pronto brotaron plantas de trigo pero al poco tiempo se murieron. Otras semillas cayeron entre espinos. Cuando los espinos crecieron, ahogaron el trigo y no lo dejaron crecer. Pero otras semillas cayeron en buena tierra, y sus espigas crecieron muy bien y produjeron una muy buena cosecha».

DÍA 239
Jesús explica el ejemplo de las semillas

Marcos 4:10-20

—Lo mismo sucede con la gente de Dios —dijo Jesús—. Algunos no oyen lo que digo, y el mensaje no cambia sus vidas. Pero los que oyen mis palabras serán recompensados.
Un discípulo exclamó:
—Jesús, ¿por qué siempre cuentas historias?

Jesús le explicó:
—Muchas personas oyen, pero no entienden. Otras personas miran, pero no pueden ver. ¡Cuento historias para que sus ojos y sus corazones entiendan el mensaje de Dios!

DÍA 240
La mala hierba y el trigo

Mateo 13:24-30, 36-43

Jesús les puso este otro ejemplo:
—Una vez, un hombre sembró semillas de trigo. Cuando se fue, llegó su enemigo y sembró semillas de una mala hierba llamada cizaña en el mismo campo. Las plantas comenzaron a crecer, y también creció la cizaña. Los trabajadores fueron corriendo a ver al granjero, y le dijeron: «Señor, ¿por qué también creció la cizaña?» El dueño les dijo: «Esto lo hizo mi enemigo. Dejen las plantas hasta el tiempo de la cosecha. Si no, tal vez arranquemos el trigo junto con la cizaña. Cuando el tiempo adecuado llegue, separaremos los dos y quemaremos la cizaña».
Jesús explicó:
—Las buenas semillas del granjero son como aquellas personas que escuchan mi mensaje y lo reciben —dijo Jesús—. Pero las semillas de cizaña son como aquellas personas que no oyen el mensaje.
Algún día, Dios juzgará al mundo. Dios separará, igual que el granjero, el trigo de la cizaña.

LA ENSEÑANZA DE JESÚS

DÍA 241
El reino de Dios es como una semilla

Marcos 4:26-32

—Aun cuando el campesino duerme —dijo Jesús— las semillas que plantó siguen creciendo porque la tierra buena las nutre. ¡Es como la semilla de mostaza! A pesar de que es la más pequeña de todas las semillas del mundo, cuando crece llega a ser la más grande de las plantas del huerto. ¡Los pájaros pueden hacer nidos en sus ramas! Lo mismo sucede con el más pequeño de los hijos de Dios. Crecen grandes y fuertes en el amor de Dios. Todos los que los rodean se benefician de su fe.

DÍA 242
El reino de Dios es como la levadura

Mateo 13:33-34

—Piensen cuando una mujer hace pan —continuó Jesús—. ¿Cómo hace que la masa se convierta en pan si no le pone un poquito de levadura para que la masa crezca? La levadura es importante, a pesar de que es pequeña. ¡El reino de Dios también depende de los hijos de Dios más pequeños para que pueda crecer!

287

DÍA 243
El reino de Dios es como la levadura
Mateo 18:1-5

Luego los discípulos preguntaron a Jesús:
—¿Quién es el más importante en el reino de Dios?
Jesús miró alrededor y vio a un niño espiando entre la gente. Lo llamó y lo colocó entre sus brazos.
—Les prometo lo siguiente —le dijo Jesús a los discípulos—. Si ustedes no cambian su manera de vivir y son como niños, no podrán entrar en el reino de Dios. Un niño acepta a Dios con un corazón puro y humilde. Si hacen esto, serán las personas más importantes en el reino de Dios. Cuando aceptan a un niño como este, me aceptan a mí.

DÍA 244
La oveja perdida
Mateo 18:10-14

—No desprecien a ninguno de estos pequeños, porque tienen ángeles en el cielo que los cuidan.
Jesús les preguntó:
—¿Qué harían si uno de ustedes tiene cien ovejas y se da cuenta de que se le perdió una? ¿Acaso no dejaría las otras noventa y nueve para ir a buscar la oveja perdida? Estoy seguro de que encontrar a esa sola oveja perdida le alegraría más que saber que las demás no se perdieron. De la misma manera, el Dios y Padre de ustedes no quiere que ninguno de estos pequeños se pierda.

LA ENSEÑANZA DE JESÚS

DÍA 245

Dejen que los niños se acerquen a mí

Marcos 10:13-16

Muchos padres llevaron a sus niños para que Jesús los tocara y los bendijera. Los niños rodearon a Jesús y comenzaron a jugar con él.

Pero los discípulos trataban de sacárselos de encima.

—Den un paso atrás —les decían a los niños—. Jesús no quiere que lo molesten.

Pero Jesús exclamó:

—Dejen que los niños se acerquen a mí. No se lo impidan, porque el reino de Dios les pertenece a ellos. Nadie puede ser parte del reino de Dios si no es como un niño. Aprendan de ellos.

Entonces Jesús abrió sus brazos y los niños corrieron felices a él, y lo abrazaban. Jesús puso sus manos sobre ellos, bendijo a cada uno y les dijo:

—Todos ustedes son parte del reino de Dios.

LA ENSEÑANZA DE JESÚS

DÍA 246
El buen pastor

Juan 10:7-18

Jesús dijo: «Yo soy el buen pastor, y ustedes son mis ovejas. El buen pastor está dispuesto a morir por sus ovejas. Pero el que recibe un salario por cuidar a las ovejas, huye cuando ve que se acerca el lobo. Por eso, cuando el lobo llega y ataca a las ovejas, ellas se escapan por todos lados. Pero cada oveja es importante para mí. Si una se pierde, salgo a buscarla por montañas y valles hasta que la encuentro. Amo a mis ovejas. Y ellas me aman a mí, así como me ama mi Padre. Yo cuido a todo mi rebaño. Estoy dispuesto a morir por mis ovejas. Nadie me quita la vida, sino que yo la entrego porque así lo quiero. Tengo poder para entregar mi vida, y tengo poder para volver a recibirla, pues esto es lo que mi Padre me ha ordenado hacer».

291

DÍA 247
La oveja perdida y la moneda perdida

Lucas 15:1-10

Jesús estaba hablando con un grupo de personas cuando entraron unos pecadores y comenzaron a escucharlo hablar. Jesús los recibió. Pero sus discípulos y algunos fariseos comenzaron a mirarlos con mala cara y a señalarlos.

—Miren a Jesús —refunfuñaban—. Está comiendo con un grupo de pecadores. Jesús los escuchó decir eso. Entonces, se dio vuelta para mirarlos de frente.

—Imagínense —les dijo Jesús— que uno de ustedes es un pastor, y que perdió a una de sus ovejas. ¿Acaso no dejaría a las otras noventa y nueve para salir a buscar la que está perdida? Cuando la encuentra, se alegra y la trae a su casa sobre sus hombros. Luego, les dice a sus amigos: «Vamos a celebrar. Encontré la oveja perdida».

«De la misma manera, hay más alegría allá en el cielo por una de estas personas que se vuelve a Dios, que por noventa y nueve personas buenas que no necesitan volverse a Él».

»¿Qué hará una mujer que, con mucho cuidado, ha guardado diez monedas, y de pronto se da cuenta de que ha perdido una de ellas? De inmediato encenderá las luces y se pondrá a barrer la casa, y buscará en todos los rincones, hasta encontrarla.

»De la misma manera, los ángeles de Dios hacen fiesta cuando alguien se vuelve a Dios».

292

DÍA 248
El padre amoroso
Lucas 15:11-19

Jesús les dio otro ejemplo:

«Un hombre tenía dos hijos. Amaba a los dos y quería que les fuera bien en todo. Planeó dividir sus propiedades y dinero entre ellos dos. El hijo más joven le dijo a su padre: "Papá, dame la parte de tu propiedad que me corresponde. Quiero ir al mundo a trabajar y tener éxito". Entonces, se fue lejos, a otro país. Allá se dedicó a darse gusto, haciendo lo malo y gastando todo el dinero.

»Poco tiempo después, ya no tenía ni una sola moneda en su bolsillo. Desesperado por conseguir dinero, aceptó un trabajo cuidando cerdos. Sus ropas estaban rotas y sucias. Su estómago siempre rugía de hambre. Le daban ganas de comer aunque fuera la comida con que alimentaban a los cerdos.

»Por fin comprendió lo tonto que había sido, y pensó: "Mi padre trata a sus trabajadores mucho mejor que lo que me tratan a mí. Voy a ir a pedirle perdón. Tal vez me acepte y me deje trabajar para él"».

Entonces el hijo comenzó el viaje de regreso a la casa de su padre.

293

DÍA 249
Perdonado
Lucas 15:20-24

«El padre vio que su hijo venía de regreso a su casa. Salió corriendo a su encuentro y lo llenó de besos y abrazos. Llamó a sus sirvientes y les dijo: "¡Pronto! Traigan la mejor ropa y vístanlo. Pónganle un anillo. Se había perdido y lo hemos encontrado".

»Mientras tanto, el hijo mayor estaba trabajando en el campo. Regresó a la casa para ver qué había sucedido».

DÍA 250
El hermano celoso
Lucas 15:25-32

Jesús terminó el relato diciendo: «El hermano mayor preguntó: "¿Qué pasa?".

»El sirviente le dijo: "Tu hermano ha vuelto".

»Entonces el hermano mayor se enojó mucho. Fue corriendo a su padre y le dijo: "He trabajado para ti como un esclavo. Nunca te desobedecí. Siempre hice todo lo que me pediste. ¡Pero mi hermano se

va, gasta todo su dinero y te desobedece,
y tú lo tratas como un príncipe!".
»El padre le contestó: "¡Pero, hijo! Tú
siempre haces lo correcto y estás
conmigo.
¡Nunca estuviste perdido, en cambio tu
hermano sí. Alégrate y celebra conmigo.
Él ha regresado"».

LA ENSEÑANZA DE JESÚS

DÍA 251
Dios tiene misericordia

Lucas 18:9-14

Un día, Jesús estuvo hablando con unas personas de esas que se creen muy buenas y que siempre están despreciando a los demás. Se acercó a ellas y les puso este ejemplo:

«Dos hombres fueron al templo a orar. Uno de ellos era fariseo y el otro era cobrador de impuestos.

»Puesto de pie, el fariseo oraba así: "Dios, te doy gracias porque me hiciste una persona buena. No soy deshonesto ni orgulloso. Le soy fiel a mi esposa y siempre te doy la décima parte de mi dinero".

»El cobrador de impuestos, en cambio, se quedó un poco más atrás. Ni siquiera se atrevía a levantar la mirada hacia el cielo. Puso su cabeza sobre sus manos y oraba: "¡Dios, ten compasión de mí, y perdóname por todo lo malo que he hecho!".

»¿Quién creen que agradó más a Dios? ¿El hombre que se creía muy bueno o el que admitió ser un pecador? Recuerden que los que se creen más importantes que los demás, son los menos valiosos para Dios. En cambio, los más importantes para Dios son los humildes».

296

DÍA 252
Una segunda oportunidad
Juan 8:1-11

Un día, temprano por la mañana, Jesús fue al templo donde acostumbraba enseñar. La gente se amontonaba para oír sus enseñanzas. De repente, un grupo de hombres, muy enojados, entraron por la puerta. Llevaban a una mujer por el brazo.

—Maestro —gritaron—. Encontramos a esta mujer durmiendo con otro hombre que no es su marido. En nuestra ley, a esta clase de mujeres debemos matarlas a pedradas. ¿Tú qué opinas?

Le hicieron esta pregunta a Jesús para ponerlo a prueba. A ver si decía que sí o que no. Pero Jesús no dijo nada. Miró a la gente que se había reunido y dijo:

—Si alguno de ustedes nunca ha pecado, tire la primera piedra.

Los hombres se quedaron sin palabras. Se miraban entre sí, pero nadie se atrevía a tirar la primera piedra porque todos habían pecado. Uno por uno, los hombres se fueron, hasta que solo quedaron Jesús y la mujer.

—¿Queda alguien más de los que te condenaban? —le preguntó Jesús a la mujer.

La mujer sacudió la cabeza y dijo:

—No.

—Entonces yo tampoco te condeno —dijo Jesús—. Estás perdonada, pero no vuelvas a pecar.

LA ENSEÑANZA DE JESÚS

DÍA 253
Un acto de amor

Lucas 7:36-40

Un fariseo llamado Simón invitó a Jesús a comer a su casa. Una mujer que había oído hablar de Jesús también estaba allí. Era una mujer pecadora, y todos en el pueblo la miraban con desprecio. La mujer quería mucho a Jesús. Fue a la casa de Simón y llevo un frasco de perfume muy caro. Cuando vio a Jesús, se arrodilló a sus pies y comenzó a llorar lágrimas de amor. Las lágrimas caían sobre los pies de Jesús y ella comenzó a lavarle y secarle los pies con sus propios cabellos. Después se los besó y les puso el perfume que llevaba.

Al ver esto, Simón pensó: «Si de veras este hombre fuera profeta, sabría que lo está tocando una mujer de mala fama».

DÍA 254
Amor y perdón

Lucas 7:40-50

Jesús sabía lo que Simón estaba pensando. Le dijo:

—Simón, me gustaría contarte una historia. Dos hombres le debían dinero a alguien. Uno de ellos le debía quinientas monedas de plata, y el otro solo cincuenta. Como ninguno de los dos tenía con qué pagar, el acreedor les perdonó a los dos la deuda. Uno de los hombres simplemente le agradeció y se fue. El otro saltaba de alegría, inclinándose y

299

besando el piso a los pies del hombre que le había perdonado la deuda. ¿Qué opinas tú? ¿Cuál de los dos estará más agradecido con ese hombre?

Simón contestó:

—El hombre que debía quinientas monedas de plata —respondió Simón—. Porque debía más.

Jesús sonrió y dijo:

—¿Ves a esta mujer? Desde que llegó ha estado conmigo, lavándome y besándome los pies. Y derramó un perfume muy fino sobre ellos. Tú no hiciste ninguna de estas cosas. Ella es como la persona que debía quinientas monedas de plata y no tenía con qué pagar la deuda. ¡Por eso me demuestra tanto amor! Luego Jesús miró a la mujer y le dijo: «Tus pecados están perdonados. Tú confías en mí, y por eso te has salvado».

LA ENSEÑANZA DE JESÚS

DÍA 255

¿Quién dio más?

Marcos 12:41-44

Jesús estaba sentado en el templo cerca de la caja de las ofrendas. Observaba cómo la gente daba sus ofrendas a Dios. Los ricos ponían puñados de dinero. Las monedas hacían ruido cuando caían dentro de la caja. Los ricos estaban orgullosos de poder dar tanto dinero.

Luego, una viuda fue hasta la caja. Puso las dos monedas que le quedaban. Jesús les dijo a los discípulos que se juntaran. Entonces les dijo:

—Esta pobre viuda puso mucho más que los otros.

Los discípulos sacudieron la cabeza y dijeron:

—¡Ella solo puso un par de monedas!

Jesús les dijo:

—Vean. Las monedas de los ricos no significan casi nada. Son como cambio suelto en sus bolsillos. Pero las pocas monedas de los pobres son tan valiosas como el oro. Porque dan a Dios lo poquito que tienen.

LA ENSEÑANZA DE JESÚS

DÍA 256

No se preocupen

Mateo 6:19-30

Una mañana, Jesús le estaba hablando a un grupo de personas. Les dijo: «No traten de amontonar riquezas aquí en la tierra. Esas cosas se echan a perder o son destruidas por la polilla. Además, los ladrones pueden entrar y robarlas. Es mejor que amontonen riquezas en el cielo. Allí nada se echa a perder ni la polilla lo destruye. Confíen en que Dios cuidará de ustedes. Tengan fe en Él. Él les dará todo lo que necesiten.

»Miren los pajaritos que vuelan por el aire. Ellos no siembran ni cosechan, sin embargo, Dios cuida de ellos. Miren las flores del campo. Ellas no se preocupan por la ropa que se van a poner. Sin embargo, les aseguro que ni el rey Salomón se vistió tan bien como ellas. Dios cuida todo lo que crece; incluso lo que vive un solo día. Si Dios hace todo eso con los pajaritos y las flores, hará mucho más por su gente».

302

LA ENSEÑANZA DE JESÚS

DÍA 257
Estoy con ustedes
Mateo 18:15-20

Jesús dijo: «Si uno de mis seguidores te hace algo malo, habla con él a solas para que reconozca su falta. Si te hace caso, lo habrás ganado de nuevo. Si no te hace caso, llama a uno o dos seguidores míos, para que te sirvan de testigos. Y si aquel no les hace caso, infórmalo a la iglesia. »Les aseguro que si dos de ustedes se ponen de acuerdo, aquí en la tierra, para pedirle algo a Dios que está en el cielo, él se lo dará. Porque allí donde dos o tres de ustedes se reúnan en mi nombre, allí estaré yo».

LA ENSEÑANZA DE JESÚS

DÍA 258
La verdadera felicidad
Mateo 5:1-12

Jesús subió a una montaña donde se había reunido mucha gente para escucharlo. Jesús les dijo:

«Dios bendice a los que confían totalmente en Él, pues ellos forman parte de su reino. Dios bendice a los que sufren, pues Él los consolará. Dios bendice a los humildes, pues ellos recibirán la tierra prometida. Dios bendice a los que desean la justicia, pues Él les cumplirá su deseo. Dios bendice a los que son compasivos, pues él será compasivo con ellos. Dios bendice a los que tienen un corazón puro, pues ellos verán a Dios. Dios bendice a los que trabajan para que haya paz en el mundo, pues ellos serán llamados hijos de Dios. Dios bendice a los que son maltratados por practicar la justicia, pues ellos forman parte de su reino.

»Dios los bendecirá a ustedes cuando, por causa mía, la gente los maltrate y diga mentiras contra ustedes. ¡Alégrense! ¡Pónganse contentos! Porque van a recibir un gran premio en el cielo».

LA ENSEÑANZA DE JESÚS

DÍA 259
sal y luz
Mateo 5:13-16

Jesús les dijo a sus amigos:
«Ustedes son como la sal de la tierra. Si la sal pierde su sabor, ya no sirve para nada, sino para que la tiren a la calle y la gente la pisotee. Si ustedes no hacen lo que deben hacer, entonces son inservibles. Perdonen a las personas que los ofenden.

Ámense unos a otros. Compartan lo que tienen con los demás.

»Ustedes son como una luz que ilumina a todos. Nadie enciende una lámpara para meterla debajo de un cajón. Todo lo contrario: la pone en un lugar alto para que alumbre a todos los que están en la casa. Dejen que su luz brille. Compartan su luz con otros. Ellos verán que ustedes hacen buenas acciones, y entonces ellos también harán buenas acciones».

305

DÍA 260

La casa sobre la roca firme

Mateo 7:24-29

Jesús dijo: «El que escucha lo que yo enseño y hace lo que yo digo, es como una persona precavida que construyó su casa sobre piedra firme. Vino la lluvia, y el agua de los ríos subió mucho, y el viento sopló con fuerza contra la casa. Pero la casa no se cayó, porque estaba construida sobre piedra firme. Obedezcan mis enseñanzas y serán como una roca firme para ustedes. Aun cuando la gente los lastime o los maltrate, ustedes estarán firmes con Dios.

»Pero el que escucha lo que yo enseño y no hace lo que yo digo es como una persona tonta que construyó su casa sobre la arena. Vino la lluvia, y el agua de los ríos subió mucho, y el viento sopló con fuerza contra la casa. Y la casa se cayó y quedó totalmente destruida. El tonto no obedeció mis enseñanzas. Pero si hubiera guardado mis palabras en su corazón, no habría tormenta que lo destruyera. Dios lo guardaría de todos peligro».

LA ENSEÑANZA DE JESÚS

DÍA 261
La entrada estrecha

Mateo 7:7-14

Jesús les dijo a sus amigos:
«Pidan a Dios, y Él les dará. Hablen con Dios, y encontrarán lo que buscan. Llámenlo, y Él los atenderá. Porque el que confía en Dios recibe lo que pide, encuentra lo que busca y, si llama, es atendido.

»Nadie le da a su hijo una piedra, si él le pide pan. Ni le da una serpiente, si le pide un pescado.

»Las personas malas saben dar cosas buenas a sus hijos. Pero su Padre que está en el cielo está dispuesto a dar mejores cosas a quienes se lo pidan. Traten a los demás como ustedes quieran ser tratados. Entren por la puerta estrecha.

»Es muy fácil andar por el camino que lleva a la perdición, porque es un camino ancho. ¡Y mucha gente va por ese camino! Pero es muy difícil andar por el camino que lleva a la vida, porque es un camino muy angosto».

307

DÍA 262

Amar a Jesús

Marcos 10:23-31

Jesús les dijo a sus discípulos:

—Es más fácil que un camello pase por el ojo de una aguja, que una persona rica entre en el reino de Dios.

Los discípulos se sorprendieron mucho:

—Entonces, ¿quién podrá salvarse? —comentaban entre ellos.

—Deben dejar todo para seguir a Dios. Quien haya dejado familia u otras cosas que posee, por mí, recibirá su premio.

Pedro estaba contento de oír esto. Le dijo:

—Nosotros hemos dejado todo lo que teníamos y te hemos seguido.

Jesús le respondió:

—No es fácil hacer lo que les digo. Tal vez los maltraten, o se sientan solos y tengan miedo. Pero en el próximo mundo recibirán el premio de la vida eterna. Muchos que ahora son importantes, serán los menos importantes; y muchos que ahora no son importantes, serán los más importantes.

308

DÍA 263

El joven rico

Mateo 19:16-21

Un joven rico le preguntó a Jesús:

—Maestro, ¿qué cosa buena debo hacer para tener vida eterna?

Jesús le contestó:

—Solo Dios es bueno. Si quieres tener vida eterna, obedece los mandamientos.

El joven preguntó:

—¿Cuáles mandamientos?

Jesús le dijo:

—Los diez mandamientos: «No mates; no seas infiel en tu matrimonio; no robes; no mientas para hacerle daño a otra persona; obedece y cuida a tu padre y a tu madre; ama a los demás tanto como te amas a ti mismo».

Entonces el joven dijo:

—Sí, Jesús. Todos esos mandamientos los he obedecido. ¿Qué más puedo hacer?

Jesús le dijo:

—Si quieres hacer algo más además de obedecer los mandamientos, vende todo lo que tienes y repártelo entre los pobres. Ama a las personas con todo tu corazón. Perdona a aquellos que te lastiman. Así, Dios te dará un gran premio en el cielo. Luego ven y conviértete en uno de mis seguidores.

LA ENSEÑANZA DE JESÚS

DÍA 264

La vida eterna

Lucas 10:25-28

Un maestro de la Ley se acercó a Jesús para hacerle una pregunta difícil, a ver si Jesús la podía responder, y le dijo:

—Maestro, ¿qué debo hacer para tener la vida eterna?

Jesús le respondió:

—Lo que está escrito en el Antiguo Testamento. ¿Sabes lo que dicen los libros de la Ley?

El maestro de la Ley respondió:

—«Ama a tu Dios con todo lo que piensas, con todo lo que vales y con todo lo que eres, y cada uno debe amar a su prójimo como se ama a sí mismo».

—¡Muy bien! —respondió Jesús—. Haz todo eso y tendrás la vida eterna.

DÍA 265

El buen samaritano

Lucas 10:29-37

Pero el maestro de la Ley no quedó satisfecho con la respuesta de Jesús, así que insistió:

—¿Y quién es mi prójimo?

—Te responderé con un ejemplo: «Un día, un hombre iba caminando por el desierto. En el camino lo asaltaron unos ladrones y, después de golpearlo, le robaron todo lo que llevaba y lo dejaron medio muerto.

»Por casualidad, por el mismo camino pasaba un sacerdote judío. Al ver a aquel hombre, el sacerdote se hizo a un lado y siguió su camino. Luego pasó por ese lugar otro judío, que ayudaba en el culto del templo; cuando este otro vio al hombre, se hizo a un lado y siguió su camino.

»Pero también pasó por allí un extranjero, de la región de Samaria, y al ver a aquel hombre tirado en el suelo, le tuvo compasión. Se acercó, sanó sus heridas con aceite, y lo subió sobre su cabalgadura.

Lo llevó a una pequeña posada y le dijo al encargado: "Cuídeme bien a este hombre. Le pagaré todos los gastos"».

Jesús terminó el relato y le dijo al maestro de la Ley:

—A ver, dime. De los tres hombres que pasaron por el camino, ¿cuál fue el prójimo del que fue maltratado por los ladrones?

—El samaritano, que se preocupó por él y lo cuidó —contestó el maestro de la Ley.

Jesús entonces le dijo:

—Sí. Anda y haz tú lo mismo.

DÍA 266
Lázaro y el hombre rico
Lucas 16:19-31

Jesús les contó una historia:
«Había una vez un hombre muy rico, que
vestía ropas muy lujosas. Tenía una casa
grande y toda la comida que quisiera. Un
día, un hombre pobre llamado Lázaro fue
a la casa del rico a pedirle que le diera de

las sobras que caían de la mesa. Pero el
hombre rico ni siquiera quería mirarlo
porque Lázaro estaba sucio y enfermo. El
hombre dejaba que los perros le lamieran
las llagas de la piel a Lázaro. Unos días
después, los dos hombres murieron.
Lázaro fue al cielo, pero el hombre rico
no. El hombre rico lloraba: "Por favor,
denme agua. ¡Tengo mucha sed!".
»Entonces Abraham, desde el cielo, le
respondió: "Cuando vivías en la tierra,

LA ENSEÑANZA DE JESÚS

tenías todo pero no hacías nada por Lázaro que no tenía nada". El hombre rico le respondió: "Abraham, te ruego entonces que le avisen a mis hermanos que si no dejan de hacer lo malo, vendrán a este horrible lugar." Pero Abraham le contestó: "Moisés y todos los profetas ya hicieron eso. Tus hermanos tienen la Biblia. ¿Por qué no la leen?".

»Entonces —les explicó Jesús— no sean egoístas como este hombre rico, que aprendió la lección cuando ya era demasiado tarde. Sean como Lázaro, un hombre con un corazón puro. A pesar de que no tenía nada en la tierra, recibió el reino de los cielos».

LA ENSEÑANZA DE JESÚS

DÍA 267
El rico tonto
Lucas 12:13-21

Uno hombre joven le dijo a Jesús:

—Maestro, ordénale a mi hermano que me dé la parte de la herencia que nos dejó nuestro padre.

Jesús le respondió:

—Si lo hiciera, no te ayudaría. Lo que pretendes no mejorará tu vida. Piensen en el campesino que tuvo una cosecha tan grande que tuvo que construir graneros para guardar los granos. Pero el campesino se murió esa misma noche. ¿De qué le sirvió tener tanta riqueza?

Luego Jesús le dijo a una mujer:

—No te preocupes por lo que tienes y lo que no tienes. Preocúpate por tener el amor de Dios. ¡Así tu riqueza no tendrá fin!

DÍA 268
Estén siempre listos
Lucas 12: 32-40

Jesús también les dijo:

«¡No tengan miedo, mi pequeño grupo de discípulos! Dios, el Padre de ustedes, quiere darles su reino. Vendan lo que tienen, y repartan ese dinero entre los pobres. Guarden en el cielo lo más valioso de su vida. Allí, los ladrones no podrán robar, ni la polilla podrá destruir. Recuerden que la verdadera riqueza consiste en obedecerme de todo corazón.

»Ustedes tienen que estar siempre listos. Deben ser como los sirvientes de aquel que va a una fiesta de bodas. Ellos se quedan despiertos, con las lámparas encendidas, pendientes de que su dueño llame a la puerta para abrirle de inmediato. ¡Qué felices serán cuando llegue el dueño a la casa, en la noche, o en la madrugada! Les aseguro que el dueño hará que sus sirvientes se sienten a la mesa, y él mismo les servirá la comida.

»Ustedes deben estar listos, porque yo, el Hijo del hombre, vendré a la hora que menos lo esperen».

LA ENSEÑANZA DE JESÚS

DÍA 269
Los sirvientes fieles

Lucas 12: 41-48

Pedro entonces le preguntó:
—Señor, ¿esa enseñanza es solo para nosotros, o para todos los que están aquí? Jesús le respondió:
—El sirviente responsable y atento es aquel a quien el dueño de la casa deja encargado de toda su familia. ¡Qué feliz es el sirviente si su dueño lo encuentra cumpliendo sus órdenes! Les aseguro que el dueño hará que ese sirviente administre todas sus posesiones. Pero supongamos que el sirviente piensa: «Mi amo salió de viaje y tardará mucho en volver», y entonces comienza a golpear a los otros sirvientes y sirvientas, y a comer y a beber hasta emborracharse. Cuando vuelva su amo, en el día y la hora en que menos lo espere, lo castigará como se castiga a los sirvientes que no obedecen».

LA ENSEÑANZA DE JESÚS

DÍA 270

La gran cena

Lucas 14:16-24

Un hombre fariseo organizó una gran cena e invitó a Jesús. Mucha gente rica e importante estaba allí. Uno de ellos dijo:
—¡La bendición más grande será participar en la gran fiesta del reino de Dios!
Jesús le respondió con esta historia: «En cierta ocasión, un hombre organizó una gran cena con mucha comida deliciosa. Invitó a la gente, pero los invitados daban distintas excusas por qué no podían ir. Uno dijo: "Dile a tu amo que por favor me disculpe, pues acabo de comprar un terreno y necesito ir a verlo". Otro dijo: "Le ruego que me disculpe, pues hoy compré cinco yuntas de bueyes y tengo que probarlas". Otro más dijo: "Acabo de casarme; dile que no puedo ir". El amo se enojó mucho, y le dijo al sirviente: "Ve enseguida a las calles y callejones de la ciudad, y trae a cenar a los pobres, a los tullidos, a los ciegos y a los cojos. El sirviente hizo esto, pero todavía quedaba lugar en la mesa. El amo le ordenó: "Ve por las calles y callejones, y obliga a la gente a entrar. Quiero que mi casa se llene. Pero ninguno de los que invité la primera vez probará un bocado de mi cena"».

Cuando terminó el relato, Jesús se dio vuelta y le dijo al organizador de la fiesta:
—Aquí están muchos de tus amigos ricos. Pero conté esta historia para que sepas que Dios bendice a los que invitan a los pobres, los tullidos, a los ciegos y a los cojos. Ellos no te pueden pagar. Pero Dios te dará un gran premio en el cielo.

DÍA 271

Las cinco muchachas descuidadas

Mateo 25:1-13

Jesús puso este ejemplo acerca de estar listos para el reino de Dios:

«En el reino de Dios pasará lo mismo que sucedió en una boda. Cuando ya era de noche, diez muchachas tomaron sus lámparas de aceite y salieron a recibir al novio. Cinco de ellas eran descuidadas, y las otras cinco, responsables. Las cinco descuidadas no llevaron aceite suficiente, pero las cinco responsables llevaron aceite para llenar sus lámparas de nuevo.

»Como el novio tardó mucho en llegar, a las diez muchachas les dio sueño y se durmieron. Como a la medianoche, se oyeron gritos: "¡Ya viene el novio, salgan a recibirlo!" Y se abrieron las puertas del salón.

»Entonces las cinco muchachas descuidadas dijeron a las responsables: "Compartan con nosotras el aceite, porque nuestras lámparas se están apagando".

»Las cinco responsables contestaron: "Es mejor que vayan a comprarlo". Para cuando las cinco muchachas regresaron, las puertas del salón ya se habían cerrado y no pudieron entrar».

—Amigos míos, —dijo Jesús— no sean como las cinco muchachas descuidadas. Las puertas del cielo no se abrirán si no están listos para Dios en cualquier momento.

LA ENSEÑANZA DE JESÚS

DÍA 272
Advertencia sobre el templo
Mateo 24: 3-14

Después, Jesús y sus discípulos se fueron al Monte de los Olivos. Jesús se sentó y, cuando ya estaban solos, los discípulos le dijeron:

—Cuéntanos qué va a pasar. ¿Cómo sabremos que tú vendrás otra vez, y que ha llegado el fin del mundo? ¿Cuáles serán las señales?

Jesús les respondió:

—¡Cuidado! No se dejen engañar. Muchos vendrán, y se harán pasar por mí, y le dirán a la gente: «Yo los voy a salvar».

»Ustedes oirán que en algunos países habrá guerras, y que otros países estarán a punto de pelearse. Esas cosas pasarán, pero todavía no será el fin del mundo.

Los países pelearán unos contra otros, la gente no tendrá qué comer, y en muchos lugares habrá terremotos. Pero eso es sólo el principio de todo lo que el mundo sufrirá.

»Ustedes serán llevados presos, y entregados a las autoridades para que los maltraten y los maten. Todo el mundo los odiará por ser mis discípulos. Muchos de mis seguidores dejarán de creer en mí; uno traicionará al otro y sentirán odio. Llegarán muchos falsos profetas y engañarán a muchas personas. La gente será tan mala que la mayoría dejará de amarse. Pero yo salvaré a todos mis seguidores que confíen en mí hasta el final. El fin del mundo llegará cuando las buenas noticias del reino de Dios sean anunciadas en toda la tierra, y todo el mundo las haya escuchado».

DÍA 273
El rey compasivo
Mateo 18:21-27

Entonces Pedro se acercó a Jesús y le preguntó:

—Señor, si mi hermano me hace algo malo, ¿cuántas veces debo perdonarlo? ¿Sólo siete veces?

Jesús le contestó:

—No basta con perdonar al hermano solo siete veces. Hay que perdonarlo una y otra vez; es decir, siempre. De esto se trata el reino de Dios.

Luego, le puso este ejemplo:

320

LA ENSEÑANZA DE JESÚS

«Había una vez un rey que estaba recolectando el dinero que sus empleados le debían.

»Un empleado le debía sesenta millones de monedas de plata. Como el empleado no tenía dinero para pagar, el rey ordenó que lo vendieran como esclavo, junto con su esposa y sus hijos, y que vendieran también todo lo que tenía. Así, con el dinero de esa venta, la deuda quedaría pagada.

»Pero el empleado se arrodilló delante del rey y le suplicó: "Señor, deme usted un poco más de tiempo y le pagaré todo lo que le debo".

»El rey sintió compasión de su empleado y le dijo: "Vete tranquilo; te perdono todo lo que me debes"».

Después, Jesús dijo: «Amigos míos, mi Padre en los cielos tendrá compasión de ustedes, así como la tuvo el rey con su empleado. Dios quiere que ustedes hagan lo mismo con las personas que tienen a su alrededor. Perdonen a los demás sinceramente, así como mi Padre los perdona a ustedes».

DÍA 274
El que no quiso perdonar
Mateo 18:28-34

Jesús continuó con el ejemplo:
«Al salir del palacio del rey, ese empleado se encontró con un compañero que le debía cien monedas de plata. Lo agarró por el cuello y le dijo: "¡Págame ahora mismo lo que me debes!".

»El compañero se arrodilló delante de él y le suplicó: "Dame un poco más de tiempo y te lo pagaré todo".

»Pero aquel empleado no quiso darle tiempo, y mandó que metieran a su compañero en la cárcel, hasta que le pagara el dinero que le debía.

»Cuando el rey lo supo, mandó llamar a aquel empleado y le dijo: "¡Qué malvado eres! Te perdoné todo lo que me debías, porque me lo suplicaste. ¿Por qué no tuviste compasión de tu compañero?".

»El rey ordenó que pusieran a ese empleado en la cárcel.

DÍA 275
Los diez empleados
Lucas 19:11-17

Jesús estaba muy cerca de la ciudad de Jerusalén, y la gente que lo escuchaba creía que el reino de Dios comenzaría de inmediato. Entonces Jesús les puso este ejemplo:

«Un príncipe fue nombrado rey de su país, y tuvo que hacer un largo viaje para que el emperador lo coronara. Antes de irse, llamó a diez de sus empleados. A cada uno le dio cierta cantidad de dinero, y le dijo: "Haz negocios con este dinero, hasta que yo vuelva".

»Cuando regresó a su país, mandó llamar al primer empleado. El empleado le dijo: "Señor, hice negocios con el dinero, y gané diez veces más de lo que usted me dio". El rey le dijo: "¡Excelente!, eres un empleado bueno. Ya que cuidaste muy bien lo poco que te di, te nombro gobernador de diez ciudades"».

LA ENSEÑANZA DE JESÚS

DÍA 276
Un trabajo bien hecho
Lucas 19:18-26

Jesús continuó:

«Llegó el segundo empleado y dijo: "Señor, hice negocios con el dinero, y gané cinco veces más de lo que usted me dio". El rey le dijo: "Tú serás gobernador de cinco ciudades".

»Después llegó otro empleado, un poco nervioso, y dijo: "Señor, yo no gané nada. Tuve miedo, así que envolví el dinero en un pañuelo y lo guardé. Aquí se lo devuelvo todo". El rey estaba furioso.

Ordenó que le quitaran el dinero que le había dado y que se lo dieran al que ganó diez veces más de lo que recibió. Los oficiales del rey le dijeron: "Señor, ¿por qué a él, si ya tiene diez veces más?".

»El rey les respondió: "Les aseguro que, al que tiene mucho, se le dará más; pero al que no tiene, hasta lo poquito que tiene se le quitará".

«Lo mismo sucede con mi Padre en los cielos», explicó Jesús. «Aquellos que usan sus vidas para servirle a Él, recibirán más. Aquellos que no lo hagan, no recibirán nada».

LA ENSEÑANZA DE JESÚS

DÍA 277
El hombre con la mano tullida

Marcos 3:1-6

El día de descanso, Jesús volvió a entrar en el templo para adorar. Los fariseos querían ver si podían atrapar a Jesús haciendo algo malo. Lo vigilaban a ver si sanaba a alguien, para poder acusarlo de trabajar un día de descanso.
Jesús sabía lo que los fariseos estaban pensando. Jesús le dijo al enfermo: «Levántate y ponte en medio de todos».

Luego, les preguntó a los que estaban allí: «¿Qué es correcto hacer en sábado: el bien o el mal? ¿Salvar una vida o destruirla?» Pero nadie le contestó. Jesús miró con enojo a los que lo rodeaban y se puso triste porque todavía no entendían nada. Entonces le dijo al enfermo: «Extiende la mano».
El hombre extendió la mano, y la mano le quedó sana.
«Jesús es un criminal», decían los fariseos. «Sanó a una persona en el día de descanso». Entonces comenzaron a hacer planes para matar a Jesús.

323

DÍA 278

Jesús sana a dos hombres ciegos

Mateo 9:27-31

Jesús iba caminando y dos hombres ciegos lo siguieron. Comenzaron a gritarle:

—¡Jesús, Hijo de David, ten compasión de nosotros!

Los ciegos siguieron a Jesús hasta la casa. Y cuando ya estaban adentro, Jesús les preguntó:

—¿Creen ustedes que puedo sanarlos?

—Sí, Señor —respondieron ellos.

Entonces Jesús les tocó los ojos y dijo:

—Por haber confiado en mí, serán sanados.

Cuando quitó sus manos, los ciegos pudieron volver a ver.

—¡Estamos sanos! ¡Alabado sea Dios! —gritaban con alegría.

Jesús les dijo:

—No le cuenten a nadie lo que pasó.

Pero ellos estaban muy contentos. Salieron corriendo y le contaron a toda la gente de aquella región lo que Jesús había hecho.

LOS MILAGROS Y MARAVILLAS DE JESÚS

DÍA 279

Una mujer enferma

Marcos 5:21-34

Jesús fue a enseñar a la orilla del lago de Galilea. En ese momento llegó un hombre llamado Jairo, que era uno de los jefes de la sinagoga. Su hija estaba enferma. Le dijo a Jesús:

—Mi hijita está a punto de morir. ¡Por favor, venga usted a mi casa!

Jesús se fue con Jairo y mucha gente los siguió. Mientras caminaban, una mujer quiso captar la atención de Jesús. Pero había mucha gente a su alrededor y no había forma de llegar a él. La mujer había estado enferma durante doce años. Había gastado todo su dinero en médicos, pero no habían podido sanarla. La mujer pensaba: «Si tan solo pudiera tocar su ropa, quedaría sana». Por eso, la mujer se acercó por detrás y le tocó la ropa. Inmediatamente la mujer fue sanada. Jesús se dio cuenta de que había salido poder de él.

—¿Quién me tocó la ropa? —preguntó.

Sus discípulos le respondieron:

—¡Mira cómo se amontona la gente sobre ti! ¿Y todavía preguntas quién te tocó la ropa?

Pero la mujer sabía que Jesús se refería a ella. Sabiendo lo que le había pasado, fue y se arrodilló delante de Él, y temblando de miedo le dijo de su enfermedad y por qué había tocado su ropa.

Entonces Jesús le dijo:

—Hija, has sido sanada porque confiaste en Dios. Vete tranquila.

Ella sonrió. Ya no tenía miedo.

326

DÍA 280

Una niña muerta

Marcos 5:35-43

Jesús finalmente llegó a la casa de Jairo.
Unos hombres salieron de la casa y le
dijeron a Jairo:
—Ya es demasiado tarde. ¡Su hija ha muerto!
Jesús no hizo caso de lo que ellos habían
dicho, sino que le habló a Jairo:
—No tengas miedo, solamente confía.
Entonces entró en la casa. La familia de la
niña estaba llorando y gritando.
—¿Por qué están tan tristes? —les preguntó
Jesús—. La niña solo está dormida.
Jesús entró en el cuarto donde estaba la
niña. Tomó de la mano a la niña y le dijo en
idioma arameo:
—¡Talitá, cum!
Eso quiere decir: «Niña, levántate».
La niña abrió los ojos y se sentó. Luego se
levantó de la cama y comenzó a caminar.
Sus padres estaban asombrados. Jesús les
dijo que le dieran algo de comer a la niña.
—No le cuenten a nadie este milagro —les
dijo Jesús.

LOS MILAGROS Y MARAVILLAS DE JESÚS

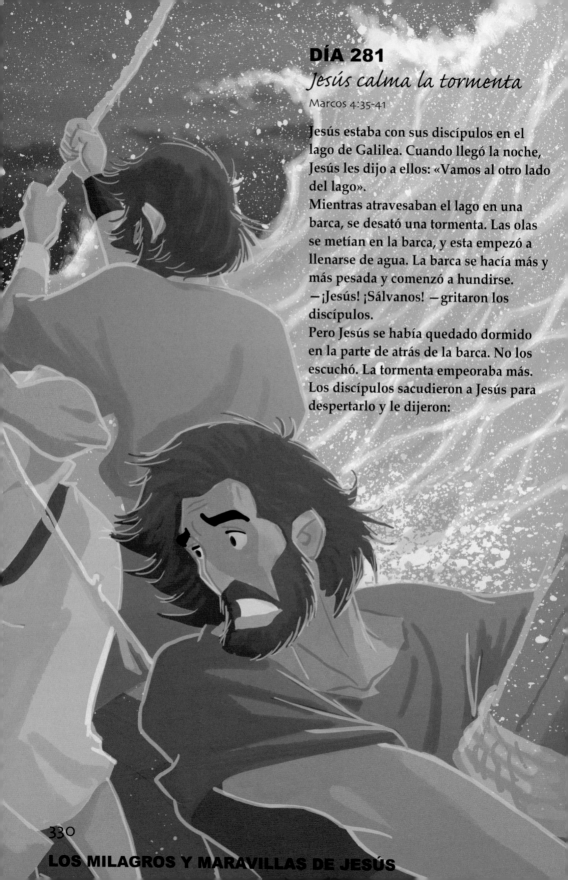

DÍA 281
Jesús calma la tormenta
Marcos 4:35-41

Jesús estaba con sus discípulos en el lago de Galilea. Cuando llegó la noche, Jesús les dijo a ellos: «Vamos al otro lado del lago».

Mientras atravesaban el lago en una barca, se desató una tormenta. Las olas se metían en la barca, y esta empezó a llenarse de agua. La barca se hacía más y más pesada y comenzó a hundirse.

—¡Jesús! ¡Sálvanos! —gritaron los discípulos.

Pero Jesús se había quedado dormido en la parte de atrás de la barca. No los escuchó. La tormenta empeoraba más. Los discípulos sacudieron a Jesús para despertarlo y le dijeron:

LOS MILAGROS Y MARAVILLAS DE JESÚS

—Maestro, ¿no te importa que nos estemos hundiendo?

Cuando Jesús se levantó, no entró en pánico como los discípulos. Se paró y extendió su mano. Entonces les ordenó al viento y al mar que se calmaran. Enseguida el viento se calmó, y todo quedó completamente tranquilo. Entonces Jesús dijo a sus discípulos:

—¿Por qué estaban tan asustados? ¿Todavía no confían en mí?

Pero ellos estaban muy asombrados, y se decían unos a otros: «¿Quién es este hombre, que hasta el viento y el mar le obedecen?».

331

LOS MILAGROS Y MARAVILLAS DE JESÚS

DÍA 282

El hombre con muchos espíritus malos

Marcos 5:1-20

Jesús y sus discípulos cruzaron el lago de Galilea. Cuando se bajaban de la barca, vieron que un hombre venía corriendo hacia ellos. El hombre vivía en un cementerio. Estaba sucio y lleno de cicatrices y moretones. La gente del pueblo había intentado encadenarlo, poniéndole aros de hierro en los pies pero él siempre los rompía. Al ver a Jesús a lo lejos, corrió y se puso de rodillas delante de Él.

332

LOS MILAGROS Y MARAVILLAS DE JESÚS

—¿Cómo te llamas? —le preguntó Jesús.
—Me llamo Ejército, porque tengo muchos espíritus malos dentro de mí.
Jesús quiso ayudarlo, pero el hombre se negó:
—No me quites los espíritus malos, solo mándalos dentro de esos cerdos —dijo mientras señalaba a los cerdos que estaban en la colina.
Entonces Jesús les ordenó a los espíritus malos que entraran en los cerdos. Los cerdos se echaron a correr cuesta abajo y cayeron en el lago. Y se ahogaron. Los que cuidaban a los cerdos no podían creer lo que había sucedido. Fueron corriendo a la ciudad a contárselo a todos. Pero el hombre se inclinó delante de Jesús.
—Déjame ir contigo —le dijo a Jesús.
Jesús le respondió:
—Ve a tu casa con tu familia. Cuéntales lo que Dios hizo por ti.
El hombre se pasó el resto de la vida enseñándole a la gente acerca de Jesús.

333

LOS MILAGROS Y MARAVILLAS DE JESÚS

DÍA 283
La venganza de Herodías
Marcos 6:14-29

El rey Herodes Antipas se casó con una mujer llamada Herodías. Pero ella era la esposa de su hermano. Juan Bautista le dijo al rey Herodes Antipas:

—No está bien que te cases con la esposa de tu hermano.

A Herodías no le agradaba Juan.

—¿Quién eres tú para juzgar al rey y a la reina? —le reprochó a Juan.

Después le dijo al rey Herodes que lo matara. Pero Herodes sabía que Juan era un hombre santo. No lo quería matar, así que mandó que lo metieran en la cárcel. Y aunque Herodes no sabía qué hacer cuando lo oía hablar, lo escuchaba de buena gana.

El día de su cumpleaños, el rey Herodes Antipas organizó una gran fiesta. La hija de Herodías entró en el salón y bailó delante de todos. Todos aplaudían porque les había gustado mucho el baile.

—Querida —dijo el rey Herodes— nos alegraste mucho. Pídeme lo que quieras, y yo te lo daré.

La muchacha no sabía qué decir, entonces fue a ver a su madre. Herodías le dijo:

—Pídele la cabeza de Juan Bautista.

La muchacha entró de prisa al salón y le dijo al rey lo que quería. El rey inclinó su rostro. Estaba arrepentido de lo que había prometido. Pero tuvo que cumplir su promesa.

—¡Córtenle la cabeza a Juan! —le ordenó a los soldados.

Cuando lo hicieron, la muchacha le llevó la cabeza de Juan Bautista a su madre. Herodías estaba contenta. Pero los seguidores de Juan estaban tristes, y Jesús también. Fueron a recoger el cuerpo de Juan y lo enterraron.

335

DÍA 284

El trabajo de los seguidores de Jesús

Lucas 10:1-12

Jesús eligió a setenta y dos discípulos para que llevaran su mensaje. Los envió en grupos de dos en dos a los pueblos y ciudades.

Jesús les dijo:
—No lleven nada, ni siquiera zapatos. Si alguien los invita a pasar a su casa, díganles: «Dios bendiga esta casa». Si esa gente merece el bien, el deseo de ustedes se cumplirá. Coman y beban lo que allí les den, y sanen a los enfermos. Díganles: «El reino de Dios ya está cerca». Los seguidores de Jesús obedecieron.

LOS MILAGROS Y MARAVILLAS DE JESÚS

Cuando regresaron, estaban contentos y fueron a ver a Jesús y le dijeron:
—¡Señor, hasta los demonios nos obedecen cuando los reprendemos en tu nombre!
Jesús sonrió y les dijo:

—¿Acaso se sorprenden? Si creen en mí, nada puede hacerles daño. Pero no se alegren de que los malos espíritus los obedezcan. Alégrense más bien de que pertenecen al reino de Dios.

337

DÍA 285

Jesús alaba a Dios

Lucas 10: 21-24

Cuando los seguidores de Jesús regresaron y le contaron de su viaje, Jesús se alegró por ellos. Sabía que Dios estaba con su gente. Entonces se arrodilló y oró: «Padre mío, gracias por lo que has hecho. Te alabo porque has mostrado estas cosas a los niños y a los que son como ellos. En cambio, no se las mostraste a los que conocen mucho y son sabios, porque así lo has querido, Padre mío. Ellos te agradan. Mi Padre me ha entregado todo, y nadie me conoce mejor que Él. Y yo, que soy su Hijo, conozco mejor que nadie a Dios, mi Padre, y elijo a las personas que lo conocerán como yo».

A los discípulos les dijo: «A muchos profetas y reyes les habría gustado ver y oír lo que ustedes ven y oyen ahora, pero no pudieron. Dichosos ustedes que pueden ver todo lo que sucede ahora».

338

LOS MILAGROS Y MARAVILLAS DE JESÚS

DÍA 286
Jesús busca un lugar tranquilo
Marcos 6:30-33

Los discípulos estaban sentados con Jesús. Le contaban todo lo que habían hecho ese día y lo que habían enseñado. La gente caminaba con ruidosos carros y muchos animales. Entonces Jesús les dijo: «Vengan, vamos a un lugar tranquilo para descansar a solas». Salieron de la ciudad y se fueron al lago. Allí se subieron a una barca para buscar un lugar apartado. Pero la gente los vio partir. Se dijeron unos a otros: «¡Vayamos a ver a Jesús!».

La gente de todos los pueblos cercanos dejó de lado lo que estaba haciendo y fue a verlo. Algunos de ellos tenían una idea de dónde podrían estar. Así que se adelantaron y llegaron antes que Jesús y sus discípulos. Había cinco mil personas allí.

LOS MILAGROS Y MARAVILLAS DE JESÚS

DÍA 287
La gente tiene hambre
Marcos 6:34-38, Juan 6:5-9

Cuando los discípulos vieron la gran cantidad de gente, se molestaron. Pero a Jesús no le importó. Les tuvo compasión, porque parecían ovejas sin pastor. Entonces les dijo que se acercaran y comenzó a enseñarles.
Llegó la tarde y los discípulos tenían hambre.

LOS MILAGROS Y MARAVILLAS DE JESÚS

—Descansemos un poco —le dijeron a Jesús—. Así la gente puede volver a la ciudad y comer algo.

Pero Jesús les dijo:

—¿Por qué no les dan ustedes de comer?

—Eso es imposible —dijeron ellos—. ¡Nos costaría una fortuna alimentar a tanta gente!

El discípulo Andrés dijo:

—Hay un muchacho que tiene un poco de comida. Tiene cinco panes y dos peces. Pero eso no alcanza para cinco mil personas.

341

LOS MILAGROS Y MARAVILLAS DE JESÚS

DÍA 288
Cinco panes y dos peces
Marcos 6:39-44, Juan 6:10-14

Jesús les dijo a sus discípulos que confiaran.

—Díganle a la gente que busque un buen lugar sobre la hierba para sentarse —les dijo.

Los discípulos obedecieron. Una vez que todos se sentaron, Jesús se puso de pie, tomó los panes en sus manos y oró para dar gracias a Dios. Después, los repartió entre toda la gente. Continuaron repartiendo el pan hasta que cada persona tenía un pedazo. Luego hizo lo mismo con los pescados.

Había suficiente comida, pero la gente no la podía terminar.

Jesús les dijo a sus discípulos que recogieran lo que había sobrado para que no desperdiciaran nada. Entonces los discípulos recogieron lo que sobró en doce canastos. La gente se sorprendió cuando vieron el milagro de Jesús.

—¿Cómo hizo para obtener tanta comida con tan poco? —se decían entre sí. ¡Hace milagros!

342

DÍA 289

Jesús camina sobre el agua

Marcos 6:45-50

Cuando terminó el día, Jesús les ordenó a sus discípulos que se fueran a sus casas. Quería estar a solas un momento. Ellos se despidieron y se subieron a la barca. Cuando la gente se fue, Jesús subió al monte a orar. Esa noche, Jesús estaba tranquilo. Desde allí, podía ver a los discípulos en la barca. El viento comenzó a soplar y los discípulos remaban con mucha dificultad. Entonces Jesús fue a ayudarlos. Fue hacia ellos caminando sobre el agua. Cuando ya estaba cerca, los discípulos tuvieron mucho miedo:

—¡Un fantasma! —gritaron.

Los discípulos se agarraban de los brazos, temblando.

—Tranquilos, no tengan miedo. Soy yo —les dijo Jesús.

343

DÍA 290

Pedro no confía

Mateo 14:28-33

Pedro cobró valor y dijo:

—Señor, si realmente eres tú, ordena que yo camine también sobre el agua y vaya hasta donde tú estás.

Y Jesús le dijo:

—¡Ven, Pedro!

Pedro caminó hasta el borde de la barca. Luego, comenzó a caminar sobre las olas. No se hundió. Entonces fue caminando hacia Jesús. Pero el viento sopló más fuerte y Pedro tuvo miedo. Allí mismo empezó a hundirse, y gritó:

—¡Me hundo, Señor! ¡Sálvame!

Entonces Jesús extendió su brazo, agarró a Pedro y le dijo:

—Pedro, tú confías muy poco en mí. ¿Por qué dudaste?

Luego, Jesús y Pedro volvieron juntos a la barca. Los otros discípulos habían visto todo. Se arrodillaron ante Jesús y le dijeron:

—¡Es verdad, tú eres el Hijo de Dios!

LOS MILAGROS Y MARAVILLAS DE JESÚS

DÍA 291
Una mujer confía en Jesús
Mateo 15:21-28

Jesús viajaba con sus discípulos. Una mujer cananea se acercó a Jesús y le dijo a gritos:

—¡Señor, tú que eres el Mesías, ten compasión de mí y ayúdame! ¡Mi hija tiene un demonio que la hace sufrir mucho! ¿Puedes salvarla?

Jesús no le hizo caso. Los discípulos se acercaron a Él y le dijeron que hiciera que la mujer se fuera.

Jesús le respondió a la mujer:

—Dios me envió para ayudar solo a los israelitas, pues ellos son para mí como ovejas perdidas. Pero tú eres cananea.

—¡Señor, ayúdame! —volvió a decir ella.

Jesús le dijo:

—No está bien quitarles la comida a los hijos para echársela a los perros.

La mujer le respondió:

—¡Señor, eso es cierto! Pero aun los perros comen de las sobras que caen de la mesa de sus dueños.

Jesús se alegró. Sabía que ella confiaba en Él.

—Querida mujer —de dijo— ¡tú sí que tienes confianza en Dios! Ve a tu casa. Lo que me has pedido se hará.

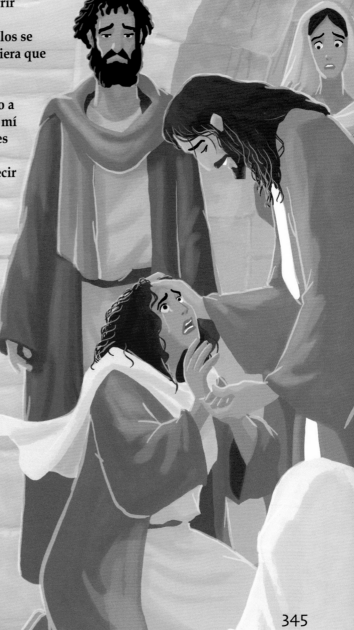

345

DÍA 292

Jesús sana a un hombre ciego

Marcos 8:22-26

Cuando llegaron al pueblo de Betsaida, vieron que unas personas se acercaban a ellos. Era un hombre ciego, guiado por sus amigos.

—Por favor —le dijeron a Jesús— sana a este hombre.

Entonces Jesús tomó al ciego de la mano y lo llevó fuera del pueblo. Después le mojó los ojos con saliva, colocó las manos sobre él, y luego las quitó.

—¿Puedes ver algo? —le preguntó Jesús.

—Sí, Señor. Veo gente, pero parecen árboles que caminan.

Entonces Jesús volvió a ponerle las manos sobre los ojos.

—¿Y ahora? ¿Puedes ver algo? —le preguntó Jesús mientras quitaba las manos. El hombre miró de nuevo con cuidado. Vio todo claramente, y se asombró.

—Vete a tu casa —le dijo Jesús—. Pero no regreses al pueblo.

DÍA 293
Pedro confía de verdad
Mateo 16:13-19

Jesús y sus discípulos estaban cerca del pueblo de Cesarea. Mientras hablaban, Jesús les preguntó:

—¿Quién dice la gente que soy?

Los discípulos contestaron:

—Algunos dicen que eres Juan Bautista, y otros dicen que eres el profeta Elías, o el profeta Jeremías, o alguno de los profetas.

Entonces Jesús les preguntó:

—Y ustedes, ¿qué opinan? ¿quién soy yo?

Nadie dijo nada. Finalmente, Simón Pedro contestó:

—Tú eres el Mesías, el Hijo del Dios.

Jesús sonrió.

—¡Bendito seas, Simón Pedro! Porque no sabes esto por tu propia cuenta, sino que te lo enseñó mi Padre que está en el cielo. Por eso te llamaré Pedro, que quiere decir «piedra». Sobre esta piedra construiré mi Iglesia, y la muerte no podrá destruirla. Te daré autoridad en el reino de Dios. ¡Dios estará contigo!

DÍA 294
Los diez leprosos
Lucas 17:11-19

Jesús siguió su viaje hacia Jerusalén. Pasó por una aldea y vio a diez hombres que estaban enfermos de lepra.
Ellos le gritaron:
—¡Jesús, Maestro, ten compasión de nosotros!
Jesús se acercó a ellos y les dijo:
—Vayan al templo, para que los sacerdotes los ayuden.
Y mientras los diez hombres iban al templo, Jesús los sanó. Pero uno de ellos, regresó. Era un samaritano. Venía cantando alabanzas a Dios durante todo el camino. Cuando vio a Jesús, se arrodilló a sus pies y le dijo:
—¡Gracias, Dios mío! ¡Me sanaste!
—¿Dónde están los demás? —le preguntó Jesús—. Tú eres un extranjero, y aun así fuiste el único que regresó a darle las gracias a Dios. Vete a tu casa. Estás sano porque confiaste en mí.

348

DÍA 295
Moisés y Elías aparecen
Lucas 9:28-36

Jesús llevó a Pedro, a Juan y a Santiago hasta un cerro alto, para orar. Mientras Jesús oraba, los otros tres se quedaron dormidos. De pronto aparecieron Moisés y el profeta Elías; habían bajado del cielo para hablar con Jesús. La ropa de Jesús se puso blanca. Los tres hablaban acerca de la muerte de Jesús y su significado. Pedro, Juan y Santiago oyeron las voces y se despertaron. Vieron a Jesús, a Moisés y a Elías rodeados de gloria. Estaban sorprendidos. Moisés y Elías sabían que ya era hora de irse. Cuando Moisés y Elías estaban a punto de irse. Pedro les dijo: «No se vayan. ¡Qué bueno que estamos aquí! Si quieren, podemos construir unas enramadas para cada uno».

Pero Pedro no entendía por qué habían venido.

Dios envió una nube oscura para que se detuviera encima de todos ellos. Luego, se oyó una voz que decía: «¡Este es mi Hijo! Ustedes deben obedecerlo». De pronto, Elías y Moisés habían desaparecido. Solo quedaba Jesús. Los discípulos permanecieron callados. No le contaron a nadie lo que habían visto.

350

DÍA 296

Jesús sana a una mujer en el día de descanso

Lucas 13:10-17

Un día de descanso, Jesús estaba enseñando en una sinagoga. Allí había una mujer jorobada. Casi no podía ver a Jesús porque tenía que estar encorvada.

—Ven aquí —le dijo Jesús a la mujer. Puso sus manos sobre ella, y la espalda de la mujer se enderezó.

—¡Mujer, quedas libre de tu enfermedad!

Ella le agradeció. Pero el jefe de la sinagoga se enojó mucho con Jesús y le dijo:

—No puedes sanar a una persona el día de descanso. Hay otros seis días para hacerlo. ¿Por qué lo hiciste hoy?

Jesús le respondió:

—Si tuvieras un buey con sed, le darías de beber.

¿Lo dejarías con sed por ser día de descanso? Esta mujer le pertenece a Dios. Ha estado sufriendo por dieciocho años. Yo la sanaría cualquier día de la semana.

Cuando Jesús dijo esto, el hombre se sintió avergonzado. El resto de la gente, en cambio, se puso muy feliz al ver las cosas tan maravillosas que Jesús hacía.

351

DÍA 297
La muerte de Lázaro
Juan 11:1-16

Marta y María tenían un hermano llamado Lázaro. Él y Jesús eran buenos amigos. Pero un día Lázaro se enfermó. No podía levantarse de la cama. Entonces Marta y María le enviaron un mensaje a Jesús para que viniera a verlo.

Jesús recibió el mensaje, pero no fue enseguida. Sabía que Lázaro iba a estar bien.

Dos días después, Jesús les dijo a sus discípulos que lo acompañaran a ver a Lázaro.

—Pero vive en Judea —dijeron ellos
—¿Por qué quieres ir a verlo?

Jesús les respondió:

—Nuestro amigo Lázaro está dormido. Quiero ir a despertarlo.

—¿Acaso no se puede despertar solo? —preguntaron los discípulos.

Pero no entendieron lo que Jesús les quiso decir.

—No. Lázaro está muerto —les explicó—. Pero volverá a estar con nosotros. Me alegro que no fui antes, porque ahora podré mostrarles una buena razón para que confíen en mí. Vamos y verán lo que sucederá.

DÍA 298

Jesús resucita a Lázaro

Juan 11:1-44

Marta vio que Jesús venía. Salió corriendo a su encuentro. Jesús le dijo:
—Yo soy el que da la vida y el que hace que los muertos vuelvan a vivir. Quien pone su confianza en mí, aunque muera, vivirá. ¿Puedes creer esto, Marta?

—Sí, Señor —respondió ella—. Yo creo que tú eres el Hijo de Dios.

Después de esto, María salió a ver a Jesús y se arrodilló delante de él.

—Señor, mi hermano está muerto. Si hubieras estado aquí antes, sé que estaría vivo.

Jesús se puso a llorar. Luego, se acercó a la tumba de Lázaro.

354

LOS MILAGROS Y MARAVILLAS DE JESÚS

—Quiten la piedra —les dijo—. Pero María respondió:
—Señor, hace cuatro días que se murió. Seguramente ya huele mal.
La gente quitó la piedra de la entrada. Luego, Jesús miró al cielo y oró: «Padre, te doy gracias porque me has escuchado. Permite que todos los que están aquí crean que tú me enviaste».

Después de haber dicho eso, Jesús gritó: «¡Lázaro, sal de ahí!».
Un hombre, totalmente envuelto en las vendas de lino con que lo habían sepultado, salió de la cueva. Jesús le quitó las vendas, y todos pudieron ver que era Lázaro. ¡Jesús hizo que Lázaro volviera a vivir!

355

LOS MILAGROS Y MARAVILLAS DE JESÚS

DÍA 299
Jesús sana a un paralítico

Juan 5:1-9

Jesús iba camino a Jerusalén para asistir a una fiesta. Cuando entró en la ciudad, pasó por una piscina muy grande. La piscina estaba rodeada de muchos enfermos acostados en el suelo. Algunos de ellos estaban nadando en el agua. Jesús vio a un hombre cerca del borde del agua. Hacía treinta y ocho años que estaba enfermo. Jesús le tuvo compasión y le preguntó:

—¿Quieres que te sane?

El enfermo contestó:

—Señor, solo quiero ir a nadar. Pero no tengo a nadie que me meta en la piscina. Y cada vez que trato de meterme, alguien lo hace primero.

Jesús le dijo:

—Levántate, alza tu camilla y camina.

En ese momento el hombre quedó sano.

LOS MILAGROS Y MARAVILLAS DE JESÚS

DÍA 300
El pequeño Zaqueo
Lucas 19:1-10

Zaqueo era cobrador de impuestos y ganaba mucho dinero. Zaqueo escuchó que Jesús venía a Jericó de camino a Jerusalén y quería verlo. Pero era un hombre muy bajito. No podía ver a Jesús porque había mucha gente delante de él. Entonces se subió a una higuera. Desde allí podía oír a Jesús.
Jesús vio a Zaqueo arriba del árbol y le dijo:

—Zaqueo, bájate ahora mismo, porque quiero hospedarme en tu casa.
Nadie quería a Zaqueo porque cobraba los impuestos. Algunos decían:
«¿Cómo se le ocurre ir a la casa de ese hombre tan malo?».
Pero Zaqueo estaba muy contento. Se bajó del árbol e invitó a Jesús a su casa.
Después de pasar todo el día con Jesús, Zaqueo fue un hombre nuevo. Le dijo a Jesús:
—Señor, voy a dar a los pobres la mitad de todo lo que tengo. Y si he robado algo, devolveré cuatro veces esa cantidad.
Jesús le respondió:
—Desde hoy, tú y tu familia son salvos. Recibir de la gente es lo que te hizo rico, ¡pero darles a los demás es lo que trae la verdadera felicidad!

357

DÍA 301
El gran desfile
Lucas 19:28-38

Jesús estaba cerca de
Jerusalén. Allí les dijo
a dos de sus discípulos:
«Vayan al pueblo que está
allá. Tan pronto entren,
van a encontrar un burro
atado. Nadie ha montado
antes ese burro. Desátenlo
y tráiganlo. Si alguien les
pregunta por qué lo desatan,
respondan: "El Señor lo
necesita"».
Los dos discípulos fueron y
encontraron el burro, tal como
Jesús les había dicho. Cuando
estaban desatándolo, los dueños
preguntaron:
—¿Qué están haciendo?
Ellos contestaron:
—El Señor lo necesita.
Entonces les dejaron llevarse el
burro. Se lo trajeron a Jesús y lo
ayudaron para que se montara. Jesús
fue en burro desde el Monte de los
Olivos hasta Jerusalén.
La gente lo esperaba abajo. Habían
cortado hojas de palmeras y las agitaban
en el aire como banderas. También
extendieron mantos en el camino donde
Jesús iba a pasar. Los seguidores de Jesús se
alegraron mucho y cantaban alabanzas.
«¡Bendito el rey que viene en el nombre de
Dios! ¡Que haya paz en el cielo!
¡Que todos reconozcan el poder de Dios!».

LOS ÚLTIMOS DÍAS DE JESÚS

DÍA 302

¡Jerusalén! ¡Jerusalén!

Lucas 19:39-44

Mientras Jesús entraba en Jerusalén, la gente cantaba tan fuerte que el ruido sacudía las casas. Alababan a Dios con todas sus fuerzas. Pero los fariseos estaban enojados:

—¡Maestro, diles a tus seguidores que dejen de gritar!

Jesús les contestó:

—Les aseguro que si ellos se callan, las piedras comenzarán a cantar.

Entonces la gente siguió cantando alabanzas a Dios.

Luego, Jesús exclamó: «¡Jerusalén! ¡Dios vino a salvarte, pero eres incapaz de reconocer la verdad! ¡No entiendes lo que significa vivir en paz! Si me conoces, entonces tendrás paz. Los enemigos no pueden atacarte, los ejércitos no podrán derribar tus paredes. ¡Recuerda que Dios vino para salvarte!».

DÍA 303
Jesús sana en el templo
Mateo 21:14-16

Lo primero que hizo Jesús cuando entró en Jerusalén fue ir a visitar el templo. Mucha gente lo seguía. Algunos ciegos, y otros que no podían caminar, se acercaron a Jesús, y él los sanó. Pero los príncipes de los sacerdotes y los maestros de la Ley se enojaron mucho al ver los milagros que él hacía.

Por eso le dijeron:

—¿Quién te dio autoridad para hacer todo esto?

En ese momento, oyeron canciones que venían desde afuera. Los maestros y los sacerdotes fueron a ver qué sucedía. Un grupo de niños le cantaba alabanzas a Jesús: «¡Bendito es el Hijo de David!».

—¿Acaso no oyes lo que estos niños están diciendo? —le preguntaron a Jesús.

—Los oigo bien —les respondió—. ¿No recuerdan lo que dice la Biblia?: «Los niños pequeños, los que aún son bebés, te cantarán alabanzas».

LOS ÚLTIMOS DÍAS DE JESÚS

Judas traiciona a Jesús

Mateo 26:1-5, 14-16

Esa noche, Jesús estaba con sus discípulos. Les dijo: «Ustedes saben que dentro de dos días va a celebrarse la fiesta de la Pascua. Durante la fiesta, yo, el Hijo del hombre, seré apresado y moriré clavado en una cruz».

En esos días, los príncipes de los sacerdotes y los líderes del país se reunieron para ponerle una trampa a Jesús, apresarlo y matarlo. Pero algunos decían: «No hay que hacerlo durante la fiesta, para que la gente no se enoje contra nosotros ni se arme un gran alboroto». Entonces planeaban cuándo y dónde podrían arrestar a Jesús.

Ese mismo día, Judas Iscariote, que era uno de los doce discípulos de Jesús, fue a ver a los sacerdotes y les dijo:

—Si me pagan, yo los ayudaré a atrapar a Jesús.

—De acuerdo —respondieron ellos—. Y le ofrecieron treinta monedas de plata.

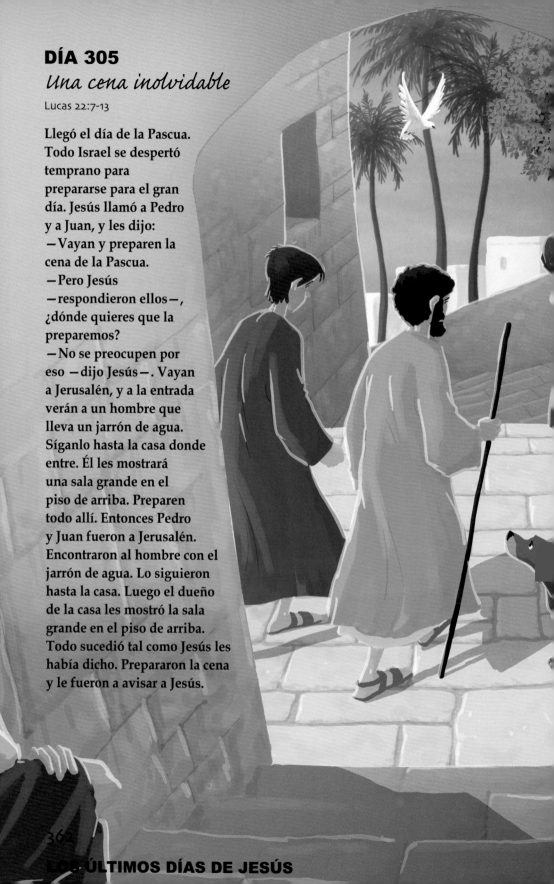

DÍA 305
Una cena inolvidable
Lucas 22:7-13

Llegó el día de la Pascua.
Todo Israel se despertó
temprano para
prepararse para el gran
día. Jesús llamó a Pedro
y a Juan, y les dijo:
—Vayan y preparen la
cena de la Pascua.
—Pero Jesús
—respondieron ellos—,
¿dónde quieres que la
preparemos?
—No se preocupen por
eso —dijo Jesús—. Vayan
a Jerusalén, y a la entrada
verán a un hombre que
lleva un jarrón de agua.
Síganlo hasta la casa donde
entre. Él les mostrará
una sala grande en el
piso de arriba. Preparen
todo allí. Entonces Pedro
y Juan fueron a Jerusalén.
Encontraron al hombre con el
jarrón de agua. Lo siguieron
hasta la casa. Luego el dueño
de la casa les mostró la sala
grande en el piso de arriba.
Todo sucedió tal como Jesús les
había dicho. Prepararon la cena
y le fueron a avisar a Jesús.

LOS ÚLTIMOS DÍAS DE JESÚS

DÍA 306

El más importante de todos

Lucas 22:14, 24-30

Jesús y sus discípulos se sentaron a la mesa a comer la cena de la Pascua. Mientras hablaban, uno de ellos preguntó: «¿Quién es el más importante entre el pueblo de Dios?».
Todos los discípulos opinaban algo distinto. Jesús les dijo:

«Algunos de ustedes creen que los reyes son los más importantes porque gobiernan a sus pueblos. Pero no deben pensar así. La persona más importante es la que sirve a los demás. Yo les he servido a todos ustedes. Pronto me iré. Si ustedes pueden servir a otros, así como yo les serví a ustedes, entonces podrán venir a mi reino. Cada uno de ustedes se sentará en un trono, y comerá y beberá en mi mesa».

363

DÍA 307
El nuevo mandamiento
Juan 13: 31-35

Jesús les dijo a los discípulos:
«Mis amados amigos, dentro de poco ya
no estaré más con ustedes. Me buscarán,
pero no me encontrarán.
»Gracias a mí también podrán ver lo
poderoso y grande que es Dios. Es hora
de que regrese con mi Padre.
»Pero les doy un mandamiento nuevo:
Ámense unos a otros.
»Ustedes deben amarse de la misma
manera que yo los amo. Si se aman
de verdad, entonces todos sabrán que
ustedes son mis seguidores».

DÍA 308
Jesús promete enviar al Espíritu Santo
Juan 14:15-20

Jesús les dijo a sus discípulos:
«Ustedes demostrarán que me aman,
si cumplen mis mandamientos. Y yo le
pediré a Dios el Padre que les envíe al
Espíritu Santo, para que siempre los
ayude y siempre esté con ustedes. Él les
enseñará lo que es la verdad.
»Los que no creen en Dios no pueden
recibir al Espíritu, porque no lo ven ni
lo conocen. Pero ustedes sí lo conocen,
porque está con ustedes, y siempre estará
en medio de ustedes.
»No voy a dejarlos solos; volveré a estar
con ustedes. Dentro de poco, la gente de
este mundo no podrá verme. Pero ustedes
sí me verán porque, aunque voy a morir,
resucitaré, y haré que ustedes también
resuciten. Cuando yo regrese a donde
ustedes están, se darán cuenta de que
el Padre y yo somos uno; y ustedes y yo
también seremos uno».

LOS ÚLTIMOS DÍAS DE JESÚS

DÍA 309
La cena del Señor

Marcos 14:18-25

Jesús les dijo a sus discípulos:
—Uno de ustedes va a entregarme en manos de mis enemigos.
Los discípulos se pusieron muy tristes, y cada uno le dijo:
—No estarás acusándome a mí, ¿verdad? Yo no haría algo así.
Jesús respondió:
—Uno de ustedes doce me traicionará. Yo moriré e iré a ver a mi Padre. Pero al que me traiciona va a pasarle algo muy terrible. ¡Más le valdría no haber nacido!
Mientras estaban comiendo, Jesús tomó un pan y dio gracias a Dios. Luego lo partió, lo dio a sus discípulos y les dijo: «Tomen, esto es mi cuerpo».
Luego pasó una copa entre los discípulos y les dijo:
«Tomen el vino. Esta es mi sangre».
Entonces los discípulos comieron el pan y bebieron el vino.
Jesús les dijo:
«Yo entregaré mi cuerpo por ustedes, para que sus pecados sean perdonados».

365

DÍA 310

Jesús lava los pies de los discípulos

Juan 13:1-9

Jesús y sus discípulos estaban sentados a la mesa. Pero Jesús se levantó. Se quitó su manto y se ató una toalla a la cintura. Luego echó agua en una palangana y volvió a la mesa. Se arrodilló y comenzó a enjuagar los pies de sus discípulos y a secárselos con la toalla. Los discípulos se quedaron sin palabras.

Pero Pedro sí habló. Le dijo a Jesús:

—Señor, ¿por qué lavas nuestros pies?

Jesús le respondió:

—Ahora no entiendes lo que estoy haciendo, pero pronto lo entenderás.

Pedro no quería que Jesús hiciera algo que un esclavo haría. Le dijo:

—Jesús, ¡nunca dejaré que me laves los pies!

Pero Jesús le contestó:

—Si no te los lavo, ya no podrás ser mi seguidor.

Entonces Pedro le dejó lavar sus pies y los de los demás discípulos.

DÍA 311

Jesús da el ejemplo

Juan 13:12-17

Después de lavarles los pies, Jesús se puso otra vez el manto y volvió a sentarse a la mesa. Les preguntó:

«¿Entienden ustedes lo que acabo de hacer? Ustedes me llaman Maestro y Señor, y tienen razón. Yo les serví lavándoles los pies. Esto es para enseñarles que el más importante debe ser como el menos importante. Aprendan de mi ejemplo y sírvanse unos a otros. Los amo hasta el fin, y estoy dispuesto a hacer cualquier cosa por ustedes. Yo les he dado el ejemplo, para que ustedes hagan lo mismo. Si entienden estas cosas, háganlas, y así Dios los bendecirá».

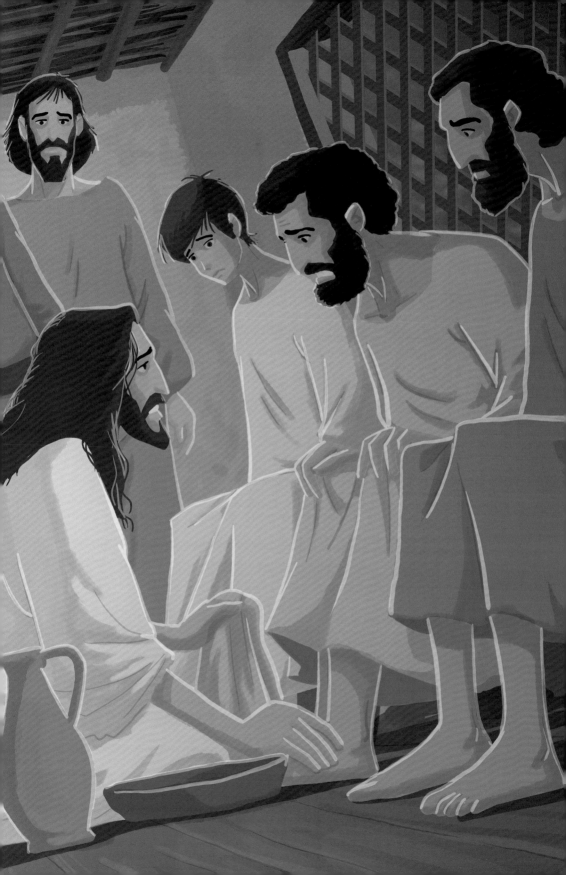

DÍA 312
Las obras del Padre

Juan 14:8-14

Felipe le dijo a Jesús:

—Señor, déjanos ver al Padre. Eso es todo lo que necesitamos.

Jesús le contestó:

—Felipe, ya hace mucho tiempo que estoy con ustedes, ¿y todavía no me conoces? El que me ha visto a mí, también ha visto al Padre. ¿Por qué me dices «Déjanos ver al Padre»? Créanme cuando les digo que mi Padre y yo somos uno solo. Y si no, al menos crean en mí por lo que hago. Les aseguro que el que confía en mí hará lo mismo que yo hago. Y, como yo voy a donde está mi Padre, ustedes harán cosas todavía mayores de las que yo he hecho. Yo haré todo lo que ustedes me pidan. De ese modo haré que la gente vea, a través de mí, el poder que tiene Dios el Padre. Yo haré todo lo que ustedes me pidan.

368

DÍA 313

Pedro promete no dejar a Jesús

Marcos 14:26-31

Los discípulos terminaron de cenar. Después cantaron un himno y se fueron al monte de los Olivos, y cuando llegaron, Jesús dijo a sus discípulos:
—Moriré. Y todos ustedes van a perder su confianza en mí. Se dispersarán como ovejas perdidas. Pero ese no será el fin. Yo regresaré para guiarlos otra vez.

Entonces Pedro le dijo:
—Señor, aunque todos te abandonen, yo no te abandonaré.
Pero Jesús sabía la verdad. Entonces le respondió:
—Pedro, no estés muy seguro de eso; antes de que el gallo cante dos veces, tú habrás dicho tres veces que no me conoces.
Pedro no le creyó.
—Aunque tenga que morir, nunca diré que no te conozco —le dijo.
Los demás discípulos decían lo mismo.

369

DÍA 314
Un hogar en el cielo
Juan 14:1-7

Los discípulos se pusieron tristes y Jesús podía notarlo en sus rostros. Entonces les dijo:

—No se preocupen. Confíen en Dios y confíen también en mí. Es verdad que no puedo quedarme con ustedes. Pero en la casa de mi Padre hay lugar para todos.

Voy allá a prepararles un lugar. Si no fuera cierto, no se lo habría dicho.

Tomás le dijo:

—Señor, si no sabemos a dónde vas, ¿cómo vamos a saber qué camino tomar?

Jesús le respondió:

—Yo soy el camino, la verdad y la vida. Sin mí, nadie puede llegar a Dios el Padre.

DÍA 315

Jesús ora por sus seguidores

Juan 17:1-26, 18:1

Después de que Jesús terminó de hablar con sus discípulos, se apartó a un lugar para orar:

«Padre mío, a los seguidores que me diste les he mostrado quién eres. Ellos creyeron en mí. Saben que soy tu hijo. Dentro de poco ya no estaré en el mundo, pues voy a donde tú estás. Pero mis seguidores van a permanecer en este mundo. Por eso te pido que los cuides, y que uses el poder que me diste para que se mantengan unidos, como tú y yo lo estamos. También te pido por aquellos que creerán en mí por medio de su mensaje. Protégelos con tu poder, y acércalos a tu Palabra».

Jesús terminó de orar y fue con sus discípulos al jardín de Getsemaní.

372

DÍA 316
Los discípulos se duermen

Marcos 14:33-42

Jesús se sentía solo y triste. Sabía que pronto iba a morir. Les dijo a sus discípulos:

—Quédense aquí mientras yo voy a orar.

Jesús se alejó un poco de ellos, se arrodilló y oró a Dios: «¡Padre!, si fuera posible, no me dejes sufrir. Para ti todo es posible. ¡Cómo deseo que me libres de este sufrimiento! Pero que no suceda lo que yo quiero, sino lo que quieras tú.

Jesús regresó a donde estaban los tres discípulos, y los encontró durmiendo. Jesús se sentía más solo que nunca.

Entonces le dijo a Pedro:

—Simón, ¿te has quedado dormido? ¿No pudiste quedarte despierto ni una hora? Pero ellos no podían mantener los ojos abiertos. Y se volvieron a dormir.

Entonces Jesús se apartó otra vez, y repitió la misma oración. Cuando regresó a donde estaban los tres discípulos, otra vez los encontró dormidos, pues estaban muy cansados.

—¿Siguen descansando y durmiendo? ¡Levántense! Ya vienen los hombres malvados para arrestarme a mí, el Hijo del hombre. Levántense y vengan conmigo, que allí viene el que me va a entregar.

Los discípulos miraron alrededor para ver de quién hablaba Jesús.

DÍA 317

Traicionado con un beso

Juan 18:2-8, Mateo 26:48-49

Judas Iscariote les dijo a los soldados romanos dónde podrían encontrar a Jesús.

—Estará en el jardín —les dijo Judas a los soldados—. Y sabrán que es Jesús porque le daré un beso en la mejilla.

El plan estaba en marcha. Encendieron sus antorchas y llevaron sus armas. Entonces siguieron a Judas hasta el jardín de Getsemaní.

Jesús los vio venir.

—¿A quién buscan? —les preguntó.

—Vinimos a arrestar a Jesús —respondieron ellos.

—Yo soy Jesús —les dijo.

Los soldados estaban sorprendidos y casi se tropezaron. Entonces Jesús les volvió a preguntar:

—¿A quién buscan?

—Vinimos a llevarnos a Jesús —respondieron ellos.

—Dejen ir a mis seguidores. Es a mí a quien buscan.

Entonces Judas se acercó a Jesús y le dio un beso en la mejilla. Los soldados ataron las manos de Jesús y se lo llevaron.

DÍA 318

Arrestan a Jesús

Juan 18:10-11; Lucas 22:51-53

Pedro estaba muy enojado. Quería salvar a Jesús. Entonces sacó una espada y le cortó la oreja derecha a uno de los sirvientes del jefe de los sacerdotes. Pero Jesús lo detuvo antes de que hiciera algo más y le dijo:

—Guarda tu espada, Pedro.

Jesús tocó la oreja del sirviente y se la sanó. Luego les dijo a los soldados y policías que vinieron a arrestarlo:

—¿Por qué han venido con cuchillos y palos, como si yo fuera un ladrón? Todos los días estuve enseñando en el templo delante de ustedes, y nunca me arrestaron. Ustedes no entienden lo que están haciendo. Hay una oscuridad que cubre sus ojos, y no pueden ver la verdad.

LOS ÚLTIMOS DÍAS DE JESÚS

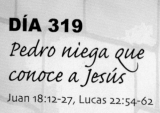

DÍA 319

Pedro niega que conoce a Jesús

Juan 18:12-27, Lucas 22:54-62

Los que arrestaron a Jesús lo llevaron al palacio del jefe de los sacerdotes. Pedro quiso ir con él, pero tuvo que esperar afuera. Unas personas habían encendido una fogata en medio del patio. Pedro se sentó junto al fuego. En eso, una sirvienta vio a Pedro y, mirándolo fijamente, dijo:

—Este también andaba con Jesús.

Pedro lo negó:

—¡Mujer, yo ni siquiera lo conozco!

Al poco rato, un hombre lo vio y dijo:

—¡Tú también eres uno de los seguidores de Jesús!

Pedro contestó:

—¡No, hombre! ¡No lo soy!

Como una hora después, otro hombre insistió y dijo:

—Estoy seguro de que este era uno de sus seguidores, pues también es de Galilea.

Pedro contestó:

—¡Hombre, ni siquiera sé de qué me hablas!

Luego, en la distancia, el gallo cantó por segunda vez. En ese momento, Pedro se acordó de lo que Jesús le había dicho: «Hoy, antes de que el gallo cante, vas a decir tres veces que no me conoces». Pedro salió de aquel lugar y se puso a llorar con mucha tristeza.

DÍA 320
El juicio contra Jesús
Marcos 14:53 -65, 15:1

El jefe de los sacerdotes se reunió con los líderes judíos y los maestros de la Ley.

—¿Qué hizo Jesús? —les preguntó.

—Es un mentiroso —gritaron—. Nos dijo que destruiría el templo y lo volvería a construir en tres días.

El jefe de los sacerdotes se puso de pie y le preguntó a Jesús:

—¿Oíste bien de qué te acusan? ¿Qué puedes decir para defenderte?

Pero Jesús no respondió nada, sino que se quedó callado.

El jefe de los sacerdotes volvió a preguntarle:

—¿Eres tú el Mesías, el Hijo del Dios?

Jesús le respondió:

—Así es. Y ustedes verán cuando yo, el Hijo del hombre, venga en las nubes del cielo con el poder y la autoridad que me da el Dios todopoderoso.

Al escuchar esto, el jefe de los sacerdotes se rasgó la ropa en demostración de enojo, y dijo:

—¿Qué les parece? ¿Qué deciden? Dice que él es Dios. ¡Ya no necesitamos más pruebas!

Todos estuvieron de acuerdo en que Jesús debía morir. Algunos empezaron a escupir a Jesús. Le taparon los ojos y le ataron las manos, y lo golpeaban. Luego, lo llevaron ante Pilatos.

LOS ÚLTIMOS DÍAS DE JES

DÍA 321

Jesús ante Herodes

Lucas 23:7-12

Pilatos no quería juzgar a Jesús. Entonces lo envió para que otro gobernante lo juzgara. Así que los soldados lo llevaron a ver al rey Herodes. Herodes tenía mucha curiosidad por conocer a Jesús. Había oído hablar mucho de él, y esperaba verlo hacer un milagro. Pero Jesús no hizo nada para Herodes. Ni siquiera habló.

—¿Cuál es tu delito? —le preguntó Herodes.

Jesús no respondió, entonces algunos de los líderes judíos hablaron por él

—Cree ser el Hijo de Dios —gritaron. Herodes se burló de Jesús diciendo:

—¿Así que eres Dios? Entonces debemos ponerte mejores ropas. Mandó traer una capa de rey y se la pusieron a Jesús. Los soldados de Herodes se reían. Se burlaron de Él por un largo rato. Finalmente, Herodes dijo:

—Llévenselo a Pilatos. Yo no tengo ninguna razón para matar a Jesús.

383

DÍA 322

Pilatos intenta liberar a Jesús

Juan 18:28-40

Llevaron a Jesús al palacio de Pilatos. Había mucha gente afuera. Venían a protestar contra Jesús.

—¿De qué acusan a este hombre? —les preguntó Pilatos.

La gente comenzó a gritar toda clase de mentiras acerca de Jesús. Pilatos no podía entender lo que decían, así que les preguntó:

—¿Por qué no lo castigan ustedes?

Pero la gente protestó:

—La ley no nos lo permite. Por esto necesitamos que tú lo hagas.

Pilatos, entonces, entró de nuevo en el palacio, llamó a Jesús y le preguntó:

—¿Acaso eres tú el rey de los judíos?

Jesús le contestó con otra pregunta:

—¿Se te ocurrió a ti esa idea, o alguien te ha hablado de mí?

Pilatos le contestó:

—La gente de tu mismo país comenta que tú dices ser rey.

Jesús le respondió:

—Yo no soy como los reyes de este mundo. Si lo fuera, mis ayudantes habrían luchado para que yo no fuera entregado a los jefes de los judíos.

—Entonces sí eres rey —replicó Pilatos.

Y Jesús le contestó:

—Si tú lo dices... Yo, por mi parte, vine al mundo para hablar acerca de la verdad.

Pilatos se frustró. No quería matar a Jesús, pero la gente se enojaba cada vez más. Entonces salió a donde estaba la gente y dijo:

—No encuentro ninguna razón para castigar a este hombre. Además, hoy es la Pascua. ¿Por qué mejor no lo libero?

La gente gritó:

—¡No, a ese no! ¡Crucifícalo!

LOS ÚLTIMOS DÍAS DE JESÚS

DÍA 323

Jesús es sentenciado a muerte

Juan 19:1-16

Pilatos intentó calmar a la gente. Pero más y más personas gritaban y se juntaban frente a su palacio.

—Átenlo y lo azotaremos —le dijo Pilatos a sus soldados—. Eso debería alegrar a la gente.

Entonces le dieron azotes a Jesús y le pusieron una corona de espinas. Pero la gente no estaba satisfecha.

—¡Clávalo en una cruz! ¡Clávalo en una cruz! —comenzaron a gritar.

Pilatos fue a ver a Jesús y le preguntó:

—¿De dónde eres?

Pero Jesús no le contestó. Entonces Pilatos le dijo:

—¿No me vas a contestar? ¿Acaso no sabes que tengo poder para mandar que te dejen libre, o para que mueras clavado en una cruz?

Jesús le respondió:

—No tendrías ningún poder sobre mí, si Dios no te lo hubiera dado.

Pilatos le volvió a preguntar a la gente:

—Entonces, ¿quieren que mate a su rey?

—Él no es nuestro rey —gritaban—. Solo el emperador es nuestro rey.

Pilatos finalmente les entregó a Jesús para que lo mataran.

LOS ÚLTIMOS DÍAS DE JESÚS

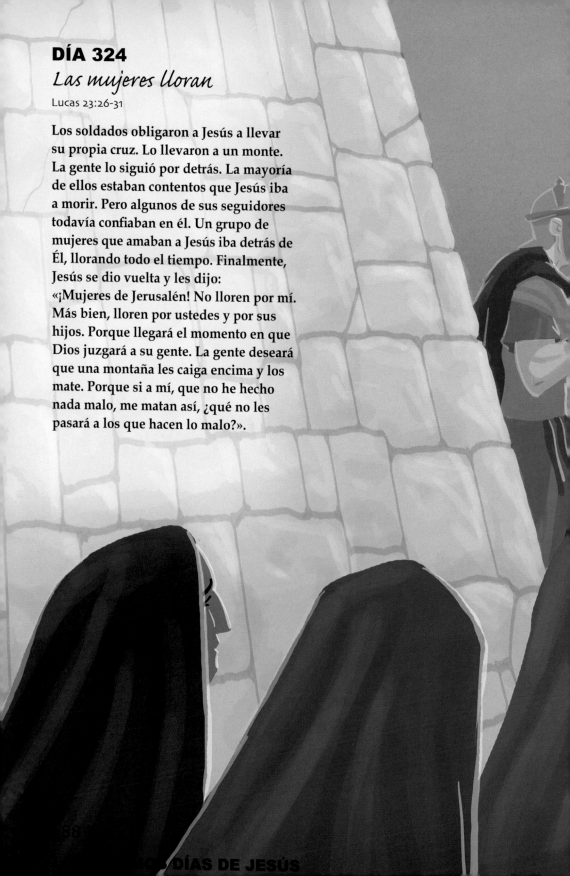

DÍA 324
Las mujeres lloran
Lucas 23:26-31

Los soldados obligaron a Jesús a llevar
su propia cruz. Lo llevaron a un monte.
La gente lo siguió por detrás. La mayoría
de ellos estaban contentos que Jesús iba
a morir. Pero algunos de sus seguidores
todavía confiaban en él. Un grupo de
mujeres que amaban a Jesús iba detrás de
Él, llorando todo el tiempo. Finalmente,
Jesús se dio vuelta y les dijo:
«¡Mujeres de Jerusalén! No lloren por mí.
Más bien, lloren por ustedes y por sus
hijos. Porque llegará el momento en que
Dios juzgará a su gente. La gente deseará
que una montaña les caiga encima y los
mate. Porque si a mí, que no he hecho
nada malo, me matan así, ¿qué no les
pasará a los que hacen lo malo?».

DÍA 325
Jesús es clavado en la cruz
Lucas 23:32-38

Clavaron a Jesús en la cruz. Sobre su cabeza había un letrero que decía: «Este es el Rey de los judíos». Los soldados también clavaron a dos criminales, uno a la derecha y el otro a la izquierda de Jesús.

La gente miraba desde abajo. Algunas personas se burlaban de Jesús y lo insultaban. «¡Si en verdad eres el Rey de los judíos, sálvate a ti mismo!», le decían los soldados, burlándose, e hicieron un sorteo para ver quién de ellos se quedaría con la ropa de Jesús. Mientras Jesús estaba a punto de morir, oró: «¡Padre, perdona a toda esta gente! ¡Ellos no saben lo que hacen!».

390

LOS ÚLTIMOS DÍAS DE JESÚS

DÍA 326

Jesús muere

Lucas 23:39-44; Juan 19:28-30

Uno de los criminales que estaba clavado
junto a Jesús también lo insultaba:
—¿No que tú eres el Mesías? Sálvate tú, y
sálvanos a nosotros también.
Pero el otro hombre lo reprendió:
—¿No tienes miedo de Dios? Nosotros sí
merecemos el castigo, porque hemos sido muy
malos; pero Jesús es inocente.
Luego, le dijo a Jesús:
—Jesús, no te olvides de mí cuando comiences a
reinar.
Jesús le dijo:
—Te aseguro que hoy estarás conmigo en el
paraíso.
En ese momento una nube oscura cubrió el sol,
y el cielo se oscureció. Jesús sabía que su tiempo
se agotaba. Luego dijo: «Tengo sed». Y alguien
mojó una esponja en vinagre. La ataron a un palo
largo y se la acercaron a la boca. Jesús bebió de la
esponja. Entonces dijo: «¡Padre, mi vida está en
tus manos!» Inclinó su cabeza y murió.

DÍA 327

La tierra tiembla

Mateo 27:51-54

En el momento en que Jesús murió, el velo del templo se rasgó en dos, de arriba abajo. La tierra tembló y las rocas se partieron. Las tumbas de los seguidores de Jesús se abrieron. Después de que Jesús resucitó, esas personas entraron en Jerusalén para ir a ver a Jesús, y mucha gente las vio. Muchos de los soldados y líderes judíos tuvieron miedo cuando todas estas cosas sucedieron. Pensaban: «¡Es verdad, este hombre era el Hijo de Dios!».

DÍA 328
Entierro de Jesús

Juan 19:31-34; Mateo 27:57-61

Al siguiente día, era sábado. La gente quería que bajaran los cuerpos de las cruces en ese día especial. Entonces los soldados bajaron el cuerpo de Jesús. Pero José, uno de los seguidores de Jesús, vino corriendo al lugar. Les pidió a los soldados si se podía llevar el cuerpo de Jesús para enterrarlo. Los soldados le preguntaron a Pilatos, y Pilatos ordenó que se lo dieran.

Entonces José tomó el cuerpo de Jesús. Lo limpió y lo envolvió en una sábana blanca. Luego lo puso en una tumba que había sido construida en una gran roca. José tapó la entrada de la tumba con una piedra muy grande, y se fue. Pero dos soldados se quedaron cuidando la tumba.

DÍA 329

¡Jesús está vivo!

Mateo 28:1-10

María Magdalena y la otra María fueron a ver la tumba de Jesús. Pero cuando llegaron, hubo un gran temblor. Los soldados que cuidaban la tumba tuvieron tanto miedo que los dos se desmayaron. Un ángel de Dios bajó del cielo. Su ropa era blanca como la nieve, y su cara brillaba como relámpago. El ángel les dijo:

—No se asusten. Yo sé que están buscando a Jesús, el que murió en la cruz. No está aquí; ha resucitado. Las mujeres se quedaron sin palabras. Enseguida corrieron al pueblo llenas de alegría. Querían contarles a todos lo que les había dicho el ángel. En eso, Jesús les salió al encuentro y las saludó:

—No tengan miedo. Corran a avisarles a mis discípulos, para que vayan a Galilea; allí me verán.

LA RESURRECCIÓN DE JESÚS

DÍA 330
La tumba vacía

Juan 20:2-18

María Magdalena fue corriendo
a donde estaba Simón Pedro y le
dijo: «¡La tumba está vacía! ¡El
Señor ha resucitado!».
Pedro tenía que verlo con sus
propios ojos. Enseguida salió
corriendo hacia la tumba. Otro
discípulo fue con él y llegó
primero. Pero tenía miedo de
entrar. Entonces Pedro entró.
¡Jesús no estaba allí!
Lo único que vio fueron las
vendas y la tela que usaron para
envolver la cabeza de Jesús. El
otro discípulo también entró.
Vio la tumba vacía y creyó. Los
dos se fueron a contarles a los
demás discípulos. ¡Era verdad!
¡Jesús había resucitado!

398

LA RESURRECCIÓN DE JESÚS

DÍA 331

Jesús aparece a sus discípulos

Juan 20:19-23; Lucas 24:37-45

Los discípulos tenían miedo de los líderes judíos. No querían que los mataran como a Jesús. Entonces se escondieron en una habitación y cerraron la puerta con llave. Mientras estaban sentados allí, ¡Jesús se les apareció! Y los saludó diciendo:

—Hola, amigos.

Pero los discípulos pensaron que era un fantasma. Entonces se abrazaron porque estaban atemorizados.

—Por qué tienen miedo —les preguntó Jesús—. ¿No ven mis heridas?

Jesús les mostró las manos donde lo habían clavado.

—Eres tú, Señor —dijeron sorprendidos.

—¿Tienen algo para comer? —les preguntó Jesús.

Uno de lo discípulos le dio un pedazo de pescado asado, y Jesús comió. Luego les dijo:

—Como mi Padre me envió, así también yo los envío a ustedes.

Luego sopló sobre ellos, y les dijo:

—Reciban el Espíritu Santo. Si ustedes perdonan los pecados de alguien, Dios también se los perdonará. Y si no se los perdonan, Dios tampoco se los perdonará.

LA RESURRECCIÓN DE JESÚS

DÍA 332

Tomás toca las heridas

Juan 20:24-29

Tomás, uno de los doce discípulos, no había visto a Jesús. No estaba con los otros cuando Jesús se les había aparecido. Entonces fueron a verlo y le dijeron:

—¡Hemos visto al Señor!

Pero él les contestó:

—No creeré nada de lo que me dicen, hasta que vea las marcas de los clavos en sus manos y meta mi dedo en ellas, y ponga mi mano en la herida de su costado. Ocho días después, los discípulos estaban reunidos otra vez en la casa. Tomás estaba con ellos. Las puertas de la casa estaban bien cerradas, pero Jesús entró, y se puso en medio de ellos como lo había hecho antes.

LA RESURRECCIÓN DE JESÚS

Luego le dijo a Tomás:
—Mira mis manos y mi costado, y mete
tus dedos en las heridas. Soy yo, Jesús.
Tomás tocó las heridas y dijo:
—¡Tú eres mi dueño y mi Dios!
Estaba contento de volver a ver a Jesús.
Pero Jesús le preguntó:
—¿Creíste porque me viste? ¡Felices los
que confían en mí sin haberme visto!

LA RESURRECCIÓN DE JESÚS

DÍA 333
Una red llena de pescados

Juan 21:1-14

Jesús se les apareció a sus discípulos por tercera vez. Pedro había ido a pescar al lago. Los otros discípulos dijeron:

—Nosotros vamos contigo.

Pero esa noche no pudieron pescar nada. En la madrugada, Jesús estaba de pie a la orilla del lago, pero los discípulos no sabían que era él. Jesús les preguntó:

—¿Pescaron algo?

—No —respondieron ellos.

Jesús les dijo que echaran las redes por el lado derecho de la barca. Los discípulos pensaron que no perdían nada con probar.

No podían creer lo que estaban viendo. Las redes se llenaron de peces y estaban tan pesadas que los discípulos acezaban mientras las subían a la barca. Pedro se dio cuenta de que era Jesús y saltó de la barca para ir nadando hasta él mientras los demás remaban.

Jesús los estaba esperando con una fogata. Jesús tenía unos pescados y unos panes sobre el fuego.

—Traigan algunos de los pescados que acaban de sacar —les dijo Jesús—. Vamos a desayunar.

Los discípulos lo reconocieron. Pero no se animaban a decir nada. Jesús les dio un pedazo de pan a cada uno. Luego comieron todos juntos.

LA RESURRECCIÓN DE JESÚS

DÍA 334

Jesús y Pedro

Juan 21:15-19

Cuando terminaron de desayunar, Jesús le preguntó a Pedro:

—Simón, hijo de Juan, ¿me amas más que estos?

Él le respondió:

—Sí, Señor. Tú sabes que te quiero.

Jesús le dijo:

—Entonces cuida de mis seguidores, pues son como corderos.

Jesús volvió a preguntarle:

—Simón, hijo de Juan, ¿me amas?

Pedro le contestó:

—Sí, Señor. Tú sabes que te quiero.

Jesús le dijo:

—Entonces cuida de mis seguidores, pues son como ovejas.

Por tercera vez le dijo:

—Simón, hijo de Juan, ¿me quieres?

Pedro se puso muy triste de que tres veces le había preguntado si lo quería.

Entonces le contestó:

LA RESURRECCIÓN DE JESÚS

—Señor, tú lo sabes todo; tú sabes que te quiero.

Jesús le dijo:

—Cuida de mis ovejas y sígueme.

Jesús le preguntó a Pedro si lo amaba tres veces, la misma cantidad de veces que Pedro lo había negado. Jesús quería estar seguro de que estaba listo para ser su seguidor otra vez.

Finalmente, Jesús miró a Pedro a los ojos y dijo: Cuando eras joven, te vestías e ibas a donde querías. Pero te aseguro que cuando seas viejo, extenderás los brazos y otra persona te vestirá, y te llevará a donde no quieras ir.

LA RESURRECCIÓN DE JESÚS

DÍA 335

Jesús vuelve a Dios

Hechos 1:3-11

Después de que resucitara, Jesús se quedó cuarenta días con sus discípulos. Les habló del reino de Dios. También les dijo: «No salgan de Jerusalén. Esperen aquí, hasta que Dios mi Padre cumpla su promesa, de la cual yo les hablé. Juan bautizaba con agua, pero dentro de poco tiempo Dios los bautizará con el Espíritu Santo». Los discípulos tenían muchas preguntas para hacerle.

—Señor, ¿no crees que este es un buen momento para que los israelitas tengan su propio rey?

Jesús les respondió:

—Solo Dios decide cuándo llevar a cabo lo que piensa hacer. Pero quiero que sepan que el Espíritu Santo vendrá sobre ustedes, y que recibirán poder para hablar de mí en todo el mundo.

Después de esto, Jesús subió al cielo en una nube.

Mucho tiempo después de que Jesús se fuera, los discípulos seguían mirando hacia el cielo. Un ángel se paró al lado de ellos y les dijo:

—¿Qué miran?

Los discípulos miraban al ángel con gran asombro.

El ángel les dijo:

—Ahora, Jesús está en el cielo. Pero así como se ha ido, un día volverá.

DÍA 336
El día de Pentecostés
Hechos 2:1-13

Después de que Jesús subió al cielo con Dios, los discípulos se reunieron en Jerusalén y se preguntaban qué debían hacer. Mientras estaban reunidos, algo increíble sucedió. De pronto, oyeron un ruido muy fuerte que venía del cielo. Parecía el estruendo de una tormenta, y retumbó por todo el salón. El viento trajo algo parecido a lenguas de fuego que se colocaban sobre cada uno de ellos. Era el Espíritu Santo, que venía sobre cada persona, y cada uno hablaba un idioma distinto, como si el Espíritu Santo hablara por medio de ellos.

En aquel tiempo, otras personas que vivían en Jerusalén comenzaron a oír el ruido que salía de la casa. Estaban tan admirados que se decían unos a otros: «¿Cómo es que los oímos hablar en idiomas que no conocen?». Alguien dijo: «Deben estar borrachos». Pedro escuchó ese comentario, y se dio cuenta de que la gente que estaba observando desde afuera no entendía lo que sucedía. Entones salió para hablarles.

408

LA PRIMERA IGLESIA

DÍA 337
Pedro le habla a la gente

Hechos 2:14-36

Pedro les dijo: «Israelitas y habitantes de Jerusalén, se equivocan si creen que estamos borrachos. Lo que pasa es que hoy Dios ha cumplido lo que nos prometió, cuando por medio del profeta Joel dijo: "En los últimos tiempos les daré a todos de mi Espíritu." Hace mucho tiempo, el rey David dijo lo siguiente acerca de Jesús:
"¡Tú no me dejarás morir ni me abandonarás en el sepulcro, pues soy tu fiel servidor!"».

Pedro continuó diciendo:
«Amigos israelitas, hablemos claro. Las palabras de los profetas se cumplieron. Dios envió a su Hijo. Jesús hizo maravillas y milagros , todos ustedes lo saben. Luego, su gente lo rechazó y lo colgaron en la cruz. Pero Jesús resucitó. Ahora está con el Padre en los cielos.
»Jesús está con nosotros. Ahora tenemos al Espíritu Santo, y con él podremos seguir haciendo sus milagros y maravillas. La gente que ven hoy aquí, recibió el Espíritu Santo, por eso hacen estas cosas».

409

DÍA 338
El compañerismo de los discípulos

Hechos 2:37-39, 41-47

La gente de Jerusalén se enteró de lo que había sucedido en ese lugar de reunión.
La gente comenzó a creer en Jesús. Venían a ver a los apóstoles para que les respondieran sus preguntas. Les decían:

«Creemos en Jesús. ¿Ahora qué debemos hacer?». Pedro les explicaba lo que Jesús había enseñado acerca del amor y del perdón. Les dijo que debían contarles estas cosas a otras personas y que repartieran a otros lo que no necesitaban. Les explicaba cómo Jesús había cuidado a la gente. Que ellos también debían cuidar a los demás, incluso a los enemigos. Luego Pedro les dijo que si obedecían a Dios, y confiaban en Él sinceramente, iban a recibir el Espíritu Santo.

LA PRIMERA IGLESIA

Después de oír todo esto, muchas personas se bautizaron. Cada día los apóstoles compartían con ellos las enseñanzas acerca de Dios y de Jesús, y también comían juntos, compartiendo su comida con los pobres y los enfermos. Se amaban unos a otros. Se reían juntos. Oraban unos por otros y les contaban a todos acerca de Jesús.

411

LA PRIMERA IGLESIA

DÍA 339

El hombre que no podía caminar

Hechos 3:1-8

Un día, por la tarde, Pedro y Juan fueron al templo a orar. Un hombre que nunca había podido caminar estaba sentado en la entrada del templo, pidiendo monedas.

Cuando Pedro y Juan se acercaron al templo, aquel hombre pensó que iban a darle algo, y les dijo:

—Tengan piedad de mí y denme unas monedas.

Sin embargo, Pedro le dijo:

—¿Por qué no me miras?

Entonces el hombre levantó la mirada hacia ellos.

Pedro le dijo:

—No tengo oro ni plata, pero tengo algo mucho mejor.

Pedro vio que el hombre tenía fe.

Entonces le dijo:

—En el nombre de Jesucristo de Nazaret, te ordeno que te levantes y camines.

Enseguida, Pedro lo tomó de la mano derecha y lo levantó. En ese mismo instante, las piernas y los pies de aquel hombre se hicieron fuertes y, de un salto, se puso en pie y empezó a caminar. Su rostro estaba lleno de alegría. —Alabado sea Dios —dijo el hombre. Pedro y Juan también sonreían. E invitaron al hombre a orar con ellos en el templo.

LA PRIMERA IGLESIA

DÍA 340
Fe en Jesús
Hechos 3:11-26

La gente comenzó a oír del milagro que acababa de ocurrir con el hombre paralítico. Corrían al templo para ver si era cierto. Pronto, el templo se llenó de personas que querían ver al paralítico con las piernas más fuertes que jamás tuvo.

Pedro miró a la gente con algo de curiosidad. Luego les habló a todos: «Díganme, ¿acaso todos vinieron a ver caminar a este hombre? ¿Qué les sorprende? ¿Por qué nos miran así? ¿Acaso creen que nosotros sanamos a este hombre con nuestro propio poder? ¿No saben que el Espíritu Santo sana a los que confían? Jesús guía a la gente a una nueva vida. Pero ustedes rechazaron a Jesús y lo crucificaron. Y ahora les demostró que él sigue vivo. Él hizo este milagro hoy. La gente estaba sorprendida. Muchos de ellos aceptaron a Jesús ese día.

413

LA PRIMERA IGLESIA

DÍA 341

Arrestan a Pedro y a Juan

Hechos 4:5-20

Algunos de los líderes de Jerusalén, incluyendo al jefe de los sacerdotes, no querían oír a Pedro ni a los apóstoles. Cuando supieron del milagro que había ocurrido con el hombre paralítico, tenían sospecha. Entonces arrestaron a Pedro y a Juan. Luego los llevaron ante un consejo para ser interrogados:

—Sanaron a un hombre paralítico. ¿Cómo lo hicieron? —el consejo demandaba una explicación.

—Con el poder de Jesús —respondió Pedro, lleno del Espíritu Santo—. Solo Jesús tiene poder para sanar y así fue como lo hizo. Ustedes crucificaron a Jesús, ¡pero Dios lo resucitó!

Los hombres del consejo sacudían la cabeza. «¿Qué vamos a hacer?», se decían entre sí. «No podemos acusarlos de mentirosos, pues lo que hicieron por ese hombre es realmente un milagro. Si no, la gente no le hará caso a sus líderes».

Entonces los hombres les dijeron:
—Pueden irse. Quedan libres, pero no le digan a nadie lo que ha pasado, y dejen de enseñar a la gente acerca del poder de Jesús.

Pero Pedro y Juan les respondieron:
—Dígannos, entonces: ¿ustedes creen que Dios quiere que lo obedezcamos a Él o a ustedes? ¡Nosotros no podemos dejar de hablar de Jesús!

DÍA 342
Un ángel rescata a Pedro y a Juan

Hechos 5:17-42

Esa misma noche, Pedro y Juan fueron encerrados en la cárcel. Un ángel de Dios vino a visitarlos. Pedro y Juan se sorprendieron cuando vieron que los grilletes que tenían en las manos se abrieron solas. Luego, la reja de su celda se abrió. El ángel les dijo: «Vayan al templo y compartan con la gente el mensaje de salvación».

Pedro y Juan hicieron lo que el ángel les había dicho y fueron al templo. Sabían que Dios estaba con ellos, por eso no tenían miedo. Cuando llegaron al templo, le dijeron a la gente: «El Señor nos mostró su gran poder. Él está con nosotros en cada cosa que hacemos. Obedézcanlo. Continúen haciendo lo que Jesús nos enseñó. Confíen en Él, que Dios los cuidará».

415

DÍA 343

Arrestan a Esteban

Hechos 6:8-15

Esteban tenía un don especial para hablar. Cuando hablaba de Jesús, lo hacía con mucha gracia y sinceridad. La gente venía de muchos lados para escucharlo enseñar. Pero algunos hombres estaban celosos de sus dones. Intentaron tratar de discutir con él. Esteban estaba lleno del Espíritu Santo, entonces no se enojaba con nadie. Esto hacía que los hombres se pusieran más furiosos. Decidieron comenzar a hablar mal de Esteban.

Llevaron a Esteban ante el consejo judío. La gente que lo quería lastimar, mintió diciendo: «Este hombre anda diciendo cosas terribles contra el santo templo y contra la Ley de Moisés».

Los hombres del consejo se fijaron en Esteban, y vieron que su cara parecía la de un ángel.

416

DÍA 344

Muerte de Esteban

Hechos 7:1;51-59

El jefe de los sacerdotes le preguntó a Esteban:

—¿Es verdad todo eso que dicen de ti?

Y Esteban respondió:

—¡La gente que habla de la verdad siempre es maltratada! Jesús murió por predicar la verdad. Ahora los discípulos de Jesús están aquí para hablar sobre la verdad. ¿Por qué ustedes siempre desobedecen a Dios?

Al escuchar esto, los de la Junta Suprema se enfurecieron mucho contra Esteban. Luego todos juntos atacaron a Esteban, y empezaron a apedrearlo.

Esteban sabía que lo iban a matar. Oró a Dios y dijo: «Señor Jesús, recíbeme en el cielo. No castigues a mis enemigos por este pecado que cometen conmigo».

Y con estas palabras en sus labios, murió.

DÍA 345
Saulo camino a Damasco
Hechos 8:1-4; 9:1-9

Saulo era un hombre que creía firmemente en todas las leyes judías. Saulo quería atrapar a todos los seguidores de Jesús y meterlos en la cárcel. Un día, fue a la ciudad de Damasco para hacer estas cosas. Mientras iba de camino, un gran resplandor le encandiló los ojos. Saulo no podía ver nada. Se cayó al suelo. Una voz le dijo:

—¡Saulo! ¿Por qué me persigues?

Saulo tenía miedo. Con voz temerosa preguntó:

—¿Quién eres, Señor?

—Yo soy Jesús —respondió la voz—. Levántate y entra en la ciudad de Damasco, que allí te diré lo que tienes que hacer.

Saulo se puso de pie pero no podía ver nada. Entró a Damasco a tropezones.

DÍA 346
Saulo se bautiza
Hechos 9:10-19

En Damasco vivía un seguidor de Jesús llamado Ananías que estaba esperando a Saulo. Ananías fue y entró en la casa donde estaba Saulo y le puso las manos sobre la cabeza, diciendo: «Amigo Saulo, el Señor Jesús se te apareció cuando venías hacia Damasco. Tú lo rechazaste antes pero ahora quiere usarte para que lleves su mensaje por todos lados. Él mismo me mandó que viniera aquí, para que puedas ver de nuevo y para que recibas el Espíritu Santo».

Al instante, abrió los ojos y pudo ver. A Saulo el mundo le parecía más brillante, como si todo tuviese más color. Saulo se arrodilló y oró: «Gracias, Dios. Perdóname mis pecados. Voy a servirte». Saulo se bautizó y pasó algunos días allí, en Damasco, con los seguidores de Jesús.

LA PRIMERA IGLESIA

DÍA 347
Saulo comienza a predicar
Acts 9:20-31

Saulo empezó a ir a las sinagogas para anunciar a los judíos que Jesús era el Hijo de Dios. Todos los que lo oían, decían asombrados: «¿Acaso no es el mismo que allá, en Jerusalén, perseguía y maltrataba a los seguidores de Jesús? ¡Ahora quiere demostrarnos que Jesús es el Hijo de Dios».

Los judíos de Damasco estaban confundidos. Más tarde, cuando Saulo llegó a Jerusalén, quería unirse a los seguidores de Jesús, pero ellos le tenían miedo, porque no estaban seguros de que en verdad Saulo creyera en Jesús. Bernabé sí lo ayudó, y lo llevó ante los apóstoles. Saulo les contó cómo había visto al Señor y lo que el Señor le había dicho. Bernabé les contó que allí, en Damasco, Saulo había anunciado sin miedo la buena noticia acerca de Jesús. La Iglesia ahora tenía un tiempo de paz y seguía adorando al Señor. Cada día confiaban más en el Señor. Con la ayuda del Espíritu Santo, se unían más y más personas al grupo de seguidores del Señor Jesús.

419

DÍA 348

Pedro resucita a Dorcas

Hechos 9:36-43

En el puerto de Jope vivía una seguidora de Jesús llamada Tabitá. Su nombre griego era Dorcas, que significa «Gacela». Todos la querían mucho. La admiraban porque siempre servía a los demás y ayudaba mucho a los pobres, y porque cosía ropas hermosas. Pero un día, Tabitá se enfermó y murió. Toda la ciudad estaba muy triste. Cuando la gente supo que Pedro estaba en una ciudad cercana, fueron corriendo a buscarlo. «Pedro, por favor, venga usted tan pronto como pueda», le rogaron.

Llevaron a Pedro donde estaba el cuerpo de Tabitá. Pedro se arrodilló y oró al Señor. Después de eso, le dijo: «¡Tabitá, levántate!».

EL MINISTERIO DE SIMÓN PEDRO

Tabitá abrió los ojos, miró a Pedro y se sentó. Pedro le dio la mano para ayudarla a ponerse de pie. Todos entraron corriendo a ver si era cierto. La gente de Jope estaba muy feliz. Fueron corriendo a darle un beso a Tabitá. Estaban sorprendidos y maravillados por lo que Pedro había hecho. Pedro les explicó que no era él sino el Señor el que había hecho un milagro por medio suyo. ¡El Señor le devolvió la vida a Tabitá!

Por un tiempo Pedro se quedó en Jope, enseñando acerca de Jesús. Pedro ganó muchos seguidores de Jesús allí.

421

DÍA 349
Un gran mantel
Hechos 10:1-16

El capitán Cornelio vivía en la ciudad de Cesarea. Era un hombre bueno y amaba a Dios completamente. Pero Cornelio era gentil, no era de Israel. Un día, Cornelio tuvo una visión. Un ángel se le apareció y le dijo: «Dios ha escuchado tus oraciones, y está contento con todo lo que haces para ayudar a los pobres. Envía ahora mismo dos hombres al puerto de Jope. Diles que busquen allí a un hombre llamado Pedro que está viviendo allí, porque él tiene un mensaje para ti».

Tan pronto como el ángel se fue, Cornelio llamó a dos de sus sirvientes y a un soldado para que fueran a Jope a buscar a Pedro. Mientras tanto en Jope, Pedro también tuvo una visión. Vio que el cielo se abría, y que bajaba a la tierra algo como un gran mantel, con toda clase de animales. Pedro oyó la voz de Dios, que le decía: «¡Pedro, mata y come de estos animales!».

Pedro respondió: «¡No, Señor! Nuestra ley no nos permite comer carne de esos animales».

Dios le dijo: «Pedro, si yo digo que puedes comer de estos animales, no digas tú que son malos».

Luego la visión se fue, y Pedro estaba en su casa. Pedro se quedó admirado, pensando en el significado de esa visión.

422

DÍA 350
Pedro visita al capitán de un ejército

Hechos 10:19-45

El Espíritu del Señor le dijo: «Mira, unos hombres te buscan. Baja y vete con ellos. No te preocupes, porque yo los he enviado».

Entonces Pedro salió de su casa y recorrió las calles de la ciudad hasta que se encontró con los tres hombres de Cornelio.

—¿Tú eres Pedro? —le preguntaron.

—Sí, soy yo. ¿Para qué me buscan? —respondió Pedro.

—Nos envía el capitán Cornelio —le explicaron ellos—. Es un hombre bueno y obedece a Dios. Un ángel del Señor le dijo que te mandara llamar.

Al siguiente día, Pedro y aquellos hombres volvieron a Cesarea. Allí, Cornelio y sus amigos los estaban esperando en la casa. Cuando vio a Pedro, Cornelio se arrodilló. Pero Pedro le dijo: «Levántate, Cornelio, que solo soy un hombre como tú».

Pedro les habló a Cornelio y su familia acerca de Jesús. Pudo ver en el rostro de Cornelio la fe que tenía. Pensó por un momento y luego les dijo a todos:

—Ahora entiendo la visión que Dios me dio. En la visión, Dos me dijo que debía comer toda clase de animales que yo pensé que no debían comerse. Pero Dios no quiere que nosotros decidamos lo que nos parece mejor. Quiere que hagamos lo que nos pide. Dios me pidió que predicara a toda clase de personas, sin importar sin son judíos o gentiles.

Luego Pedro bautizó a Cornelio y a toda su familia.

423

DÍA 351
Arrestan a Pedro otra vez
Hechos 12:1-8

Herodes era el rey de Israel. Era un gobernador muy severo, y empezó a maltratar a cualquier persona que creyera en Jesús. Pronto, comenzó a oír historias acerca de Pedro. Le contaron que Pedro había convertido a cientos de personas en seguidores de Jesús. También le dijeron de los milagros que Pedro hacía, como sanar enfermos y resucitar muertos. Herodes no toleraba eso. Ordenó que arrestaran a Pedro y lo llevaran a la cárcel.

Pusieron a Pedro en una pequeña celda, fría y oscura, y le encadenaron las manos y los pies. Colocaron un guardia a la izquierda de Pedro y otro guardia a la derecha, y dos guardias más en la puerta para asegurarse de que no se escapara. Pero eso no impidió que Dios salvara a Pedro. Un ángel de Dios se le apareció mientras dormía, y le dijo: «Levántate, date prisa. Ponte el cinturón y ajústate las sandalias». Pedro sintió cómo las cadenas se soltaron solas y vio a los guardias dormidos. Luego el ángel le dijo: «Sígueme». Las puertas de la cárcel se abrieron y el ángel llevó a Pedro hasta la calle.

DÍA 352
Pedro se escapa de la cárcel
Hechos 12:9-17

Pedro estaba en la calle, pero no sabía bien qué había sucedido. Cuando miró alrededor, el ángel ya no estaba. Estaba libre. Pedro entendió entonces lo que le había pasado, y dijo: «El Señor me liberó». Luego se fue, tratando de esconderse, a la casa de una mujer llamada María.

424

María era la madre de su amigo Juan. Dentro de la casa, muchos de los seguidores de Jesús estaban orando por él. Pedro llamó a la puerta:

—¡Déjenme entrar! ¡Soy Pedro! La sirvienta, cuyo nombre era Rode, salió a ver quién llamaba. Al reconocer la voz de Pedro, fue tanta su alegría que, en vez de abrir la puerta, se fue corriendo a avisarles a los demás.

—Pedro está a la puerta —les dijo a todos.

—¿Estás loca, Rode? Pedro está en la cárcel —le decían.

Pedro todavía estaba a la puerta. Esta vez, golpeó más fuerte.

—¡Abran la puerta! ¡Soy Pedro! Cuando los demás lo oyeron, fueron corriendo a abrirle la puerta. Cuando vieron a Pedro, todos se quedaron sorprendidos.

—¿Cómo te escapaste? —le preguntaron. Pedro les hizo señas para que se callaran, porque si alguien oía algo podrían atraparlo. Entraron y empezó a contarles del ángel de Dios que lo había sacado de la cárcel.

DÍA 353
Bernabé y Saulo en Chipre

Hechos 13:1-12

Saulo, quien había perseguido a Jesús, era un hombre nuevo desde que Dios había venido a su vida. Su nuevo nombre era Pablo. Pablo estaba lleno del amor de Jesús, y anunciaba con pasión las buenas noticias del Señor. Pablo tomó un barco para ir a la isla de Chipre, con su amigo Bernabé. En Chipre, Pablo predicaba en las plazas y en las calles anunciando el mensaje de Jesús. Pero el gobernador de Chipre tenía un amigo que había trabajado para él, llamado Barjesús. A Barjesús no le agradaba Pablo, y no quería que hablara de Jesús. Barjesús le dijo al gobernador: «Eso que dice Pablo acerca de Jesús no tiene sentido. No le creas».

Cuando Pablo se enteró de las mentiras que decía Barjesús, fue a verlo. Lo miró fijamente a los ojos y le dijo: «Tú eres un mentiroso y un malvado. Yo también fui como tú. No podía ver la verdad. Entonces Dios me cegó. Ahora te hará lo mismo a ti, hasta que puedas ver bien las cosas». En ese mismo instante Barjesús sintió como si una nube oscura le hubiera cubierto los ojos. Se quedó completamente ciego y buscaba que alguien le diera la mano para guiarlo.

Al ver esto, el gobernador se quedó muy admirado de la enseñanza acerca del Señor Jesús, y en verdad creyó en Él.

427

DÍA 354
Adoran a Pablo y a Bernabé
Hechos 14:8-20

Pablo y Bernabé viajaron a Listra. La gente de Listra adoraba a muchos dioses. Un día, Pablo estaba predicando en las afueras de la ciudad. Uno de los hombres que lo oían era un cojo. Pablo le dijo: «¡Levántate y camina!».

Cuando la gente vio esto, comenzaron a gritar: «¡Los dioses han tomado forma humana, y han venido a visitarnos! Pablo es un dios». Luego dijeron: «¡Debemos ponerle el nombre de algún dios y sacrificar algo en su honor!».

Pablo estaba sorprendido y horrorizado. «¡Yo no soy un dios!», les dijo. «¡Soy un ser humano como todos ustedes! No sacrifiquen nada para mí. Dejen esas tonterías y crean en Dios quien hizo todo lo que ven».

La gente pensó que Pablo se burlaba de ellos. Dijeron: «Pablo dice que nuestras creencias son una tontería». Entonces comenzaron a apedrearlo hasta que pensaron que estaba muerto.

Pero algunas de las personas que creyeron en Jesús lo ayudaron a levantarse, y pudo volver a la ciudad.

428

DÍA 355
Pablo y Silas en la cárcel
Hechos 16:16-24

A pesar de que lo maltrataban, Pablo continuaba haciendo el trabajo del Señor. Un día vio a una muchacha esclava, allí en el mercado donde estaba con su compañero Silas. La esclava gritaba e insultaba por dondequiera que iba. Tenía un espíritu malo dentro de ella. Los dueños de la esclava estaban contentos con su espíritu malo porque le daba la habilidad de adivinar y predecir el futuro. De esta forma, ganaban mucho dinero con ella. Pero Pablo sintió compasión por la muchacha. Puso sus manos sobre ella y dijo: «¡En el nombre de Jesús, te ordeno que salgas de ella!». En ese momento, la muchacha se calmó y sintió paz. Pero sus dueños estaban furiosos. Ella ya no podía adivinar el futuro, por lo tanto ellos ya no ganarían dinero.

Los dueños de la muchacha recorrieron toda la ciudad de Listra proclamando cosas malas acerca de Pablo y de Silas. Luego se lo contaron a las autoridades y les dijeron a los jueces: «Estos judíos están causando problemas en nuestra ciudad».

Entonces los oficiales arrestaron a Pablo y a Silas. Luego los golpearon y los metieron en la cárcel, dentro del calabozo, con los ladrones y criminales.

431

DÍA 356

Cantan en la cárcel

Hechos 16:25-40

Pablo y Silas no permitieron que el calabozo oscuro y frío de la cárcel les impidiera hacer el trabajo de Dios. Cantaban canciones de alabanza y sus voces resonaban por todo el laberinto de celdas. Otros prisioneros comenzaron a escuchar las canciones. El Espíritu Santo llenó todo el lugar. De repente, el piso comenzó a temblar, y las cadenas que los sujetaban golpeaban fuertemente. ¡Dios había enviado un terremoto! Las cadenas se rompieron y la reja de la celda de Pablo y de Silas se abrió. El carcelero tuvo miedo. Pensó que todos los prisioneros se escaparían y que estaría en serios problemas. Tenía tanto pánico, que buscó su espada para matarse. Pablo le gritó:

—¡No te mates! Todos estamos aquí.

El carcelero estaba muy agradecido. Se arrodilló a los pies de Pablo y le dijo:

—Eres un hombre bueno. Me tuviste compasión. ¿Qué puedo hacer por ustedes?

Pablo le respondió:

—Sé bueno y compasivo con los demás y cree en el Señor Jesús.

El carcelero llevó a Pablo y a Silas a su casa y les preparó una rica cena. Luego Pablo y Silas bautizaron al carcelero y a toda su familia.

432

DÍA 357
Pablo y Silas en Tesalónica
Hechos 17:1-6

Pablo y Silas continuaron su viaje, enseñando la palabra de Dios a más personas. Llegaron a una ciudad llamada Tesalónica. Allí vivía un hombre llamado Jasón. Jasón dejó que Pablo y Silas se quedaran en su casa. Al siguiente día, Pablo fue al templo y predicó allí. Les decía: «Dejen de hacer cosas malas. Sigan a Jesús, porque él murió para perdonar sus pecados». Por la tarde, ya había mucha gente en el templo que quería oír a Pablo. Los jefes de la ciudad comenzaron a tenerle envidia. ¡Más gente escuchaba a Pablo que a ellos! Los jefes fueron a ver a las autoridades y les dijeron: «Pablo y Silas andan por todas partes causando problemas entre la gente. Ahora han venido aquí, y Jasón los ha recibido en su casa».

Las autoridades querían encarcelar a Pablo y a Silas. Pero ellos ya se habían ido de la ciudad, entonces arrestaron a Jasón. Le hicieron pagar una fianza por haber hospedado a Pablo y a Silas en su casa.

EL MINISTERIO DE PABLO

DÍA 358
Pablo en Atenas
Hechos 17:13-21

Pablo y Silas iban camino a Atenas. Finalmente, después de un largo viaje, llegaron. La gente de Atenas creía en muchos dioses. Adornaban sus casas y templos con ídolos. La ciudad estaba llena de grandes altares y estatuas, en honor a dioses y diosas que ellos adoraban. Pablo quería enseñarles a los atenienses acerca del único Dios verdadero. Pablo exclamó: «Gente de Atenas. Adoren a Dios, no a estos ídolos y estatuas. Dios nos envió a Jesús para mostrarnos su poder. Jesús murió en la cruz. Pero Dios lo levantó de los muertos. ¡Y ahora les ofrece vida eterna a todos ustedes!»
Esto le sonaba muy extraño a la gente de Atenas. No entendían muy bien las cosas que decía Pablo. Pero también eran curiosos, y querían saber más acerca de Dios.

435

DÍA 359
Pablo habla en Areópago
Hechos 17:22-34

La gente de Atenas llamó a Pablo para que se reuniera con ellos en un lugar llamado Areópago. Querían oír más sobre las cosas que Pablo les había dicho acerca de Jesús. Una vez que estaban todos reunidos, Pablo dio un discurso. Les dijo: «Habitantes de Atenas: He notado que ustedes son muy religiosos. Mientras caminaba por la ciudad, vi un altar dedicado "al Dios desconocido". Pues ese Dios, que ustedes honran sin conocerlo, es el Dios del que yo les hablo. Es el Dios que hizo el mundo y todo lo que hay en él; es el dueño del cielo y de la tierra, y no vive en templos hechos por seres humanos.

Dios envió a Jesús para mostrarnos su gran poder. Jesús murió en la cruz. Pero resucitó».

436

Cuando terminó de hablar, Pablo vio
que muchas personas se reían. Lo
interrumpieron para decirle: «Mejor
hablamos de esto otro día. Todo lo que
dices acerca de que Jesús resucitó es muy
difícil de creer».
Pero hubo algunas personas que
escucharon todo lo que Pablo dijo y
creyeron en Jesús.

437

DÍA 360
Alboroto en Éfeso
Hechos 19:23-30

Demetrio era un joyero que vivía en Atenas. Trabajaba como fabricante de figuras de plata del templo de la diosa Artemisa. Su negocio le daba mucho dinero, porque a la gente de Atenas le gustaba decorar sus casas con las figuras que él hacía.

Demetrio sospechaba de Pablo. Entonces llamó a todos los joyeros y les dijo: «Amigos, este extranjero está tratando de dejarnos sin trabajo. Si la gente le obedece, ya no van a adorar a la diosa Artemisa. Y entonces nadie comprará nuestras estatuillas. ¡Pablo nos dejará sin trabajo!»

Demetrio habló con tanta pasión que todos los joyeros se enojaron mucho. Comenzaron un gran alboroto: gritaban e insultaban a Pablo por las calles. Se juntó un multitud en la plaza. Levantaban sus puños en el aire y esperaban que Pablo viniera para poder atacarlo.

En ese momento, Pablo iba a la plaza para predicar de Jesús. Pero alguien corrió a avisarle lo que sucedía, entonces Pablo se alejó para que no lo lastimaran.

EL MINISTERIO DE PABLO

DÍA 361
Advertencia para Pablo

Hechos 20:17-38

Era muy peligroso para Pablo quedarse en Atenas. Llamó a sus amigos y seguidores para decirles que planeaba irse de allí. Les dijo:
«Ustedes saben que he cumplido con lo que el Señor Jesús me ha ordenado. Nunca he dejado de decirles que crean en nuestro Señor Jesucristo, sin importar de qué religión eran ni de dónde venían.
»Ahora debo ir a Jerusalén, pues el Espíritu Santo me lo ordena. No sé lo que me va a pasar allá. Tal vez me metan en la cárcel. No lo sé. Pero no me importa. Nada me preocupa, siempre y cuando pueda anunciar la buena noticia del amor de Dios, como me lo ordenó el Señor Jesús».
Al oír estas palabras, los amigos y seguidores de Pablo lloraron. Sabían que él era valiente. Le dieron un gran abrazo y un beso, y lo saludaban mientras el barco que lo llevaría a Jerusalén se alejaba.

EL MINISTERIO DE PABLO

DÍA 362
Un grupo de gente pelea con Pablo
Hechos 21:27-36; 22:23-24

Pablo llegó a Jerusalén y se encontró con algunos amigos y los ancianos de la iglesia. Estaban contentos de volver a verlo. Pero otros no estaban tan contentos. Algunas personas en las calles reconocieron a Pablo. Comenzaron a decir:

«¡Ése es un hombre que va a otras tierras y dice cosas malas de su propia gente!» Luego otra persona, señalándolo, dijo: «¡Ese hombre es el que nos avergüenza a nosotros los judíos, porque permite que los gentiles entren en los templos judíos!» Pablo no podía salir a la calle sin que alguien lo señalara, o hablara mal de él. Un día, un grupo de personas fue a atacar a Pablo. Comenzaron a agarrarlo de la ropa y a gritarle en la cara. El jefe de los soldados romanos escuchó el alboroto y

EL MINISTERIO DE PABLO

vio que a Pablo lo empujaba un grupo de personas.

El jefe de los soldados gritó:

—¿Qué hizo este hombre?

Todos comenzaron a gritar al mismo tiempo:

—Es un mentiroso —dijo uno.

—Es amigo de nuestros enemigos —dijo otro.

Luego, otras personas del grupo comenzaron a gritar cosas feas. Sus voces se convirtieron en un ruido molesto.

El jefe de los soldados no podía entender lo que le querían decir. Pero pensó que debía hacer algo. Entonces mandó que arrestaran y golpearan a Pablo para satisfacer a la furiosa multitud.

EL MINISTERIO DE PABLO

DÍA 363

Pablo habla ante el gobernador

Hechos 24:24-27; 25:8-12

En aquel entonces, Félix era el gobernador de Jerusalén.

Félix fue a ver a Pablo a la cárcel y le dijo: «Dime, Pablo. ¿Qué cosas enseñas que la gente se enoja tanto?»

Pablo siempre estaba dispuesto a hablar de Jesús. Entonces le contó a Félix sobre la crucifixión de Jesús y cómo había resucitado. Luego le habló de cómo seguir a Jesús por medio de las buenas obras y la bondad. Le dijo que no era bueno ser egoísta. Pero Félix no quería oír nada de eso. Félix esperaba que Pablo le ofreciera dinero a cambio de su libertad. Pero Pablo nunca le dio nada, por lo tanto Félix se fue.

Dos años después, un hombre llamado Porcio Festo asumió como nuevo gobernador de Jerusalén. Un día, Porcio vino a ver a Pablo y le preguntó si estaba listo para ser juzgado por sus crímenes.

—Yo no he hecho nada malo —dijo Pablo—. Si lo hubiera hecho, no me importaría si el castigo fuera la muerte. Yo pido que el emperador sea mi juez.

Porcio respondió:

—Si quieres ser juzgado por el emperador, ¡entonces deberás ir a Roma!

Porcio envió a Pablo en el siguiente barco a Roma.

442

DÍA 364
Un viaje tormentoso
Hechos 27:1-44

Pablo se subió al barco rumbo a Roma, junto con otros prisioneros.
Iban navegando bien hasta que llegaron a un lugar llamado Buenos Puertos. Pablo sintió que hacía un poco de frío. Le sugirió al capitán que se quedaran en Buenos Puertos hasta que pasara el invierno. Pablo sabía que podía haber tormentas peligrosas en esa época del año. Pero el capitán insistió en que deberían partir.
Una noche, mientras todos dormían en sus camas marineras, comenzó a soplar un viento fuerte. Todos lo que estaban durmiendo se despertaron con el crujir del barco cada vez que subían y bajaban las olas. Se había formado una gran tormenta.
El viento soplaba aun más fuerte, hasta que grandes olas negras golpearon la embarcación. El barco comenzó a llenarse de agua. El capitán vio una bahía a los lejos. Pero antes de que pudieran llegar, ¡las olas habían crecido demasiado y el barco comenzó a hundirse! Las olas destruyeron el barco y el viento, las velas. El capitán ordenó que todos los que estaban a bordo nadaran hasta la bahía.

EL MINISTERIO DE PABLO

DÍA 365
Al fin en Roma
Hechos 28:1-10; 11-31

Pablo y todos los demás nadaron con todas sus fuerzas contra el furioso mar. Finalmente, alcanzaron la bahía y se desmayaron en la playa.

Habían llegado a una isla llamada Malta. La gente de Malta los recibió. Hicieron una fogata para ayudarlos a calentarse. Pablo estaba recogiendo un poco de leña cuando, de repente, una víbora venenosa lo mordió en el dedo.

La gente de allí dijo: «¡Esa víbora es venenosa! ¡Vas a morir!

Pero Pablo sacudió la mano para sacarse la víbora de encima y no se murió. La gente de la isla estaba asombrada. Ellos creían que Pablo era un dios. ¿Quién más podría sobrevivir la picadura de una víbora venenosa? Pero Pablo les dijo: «Yo no soy un dios. Soy un seguidor de Jesús. ¡Él me dio su Espíritu Santo!» Los isleños nunca habían oído hablar de Jesús. Estaban muy interesados en oír todo lo que Pablo tenía para enseñarles.

Cuando llegó la primavera, el mar se calmó. Pablo y todos los demás abordaron otro barco que finalmente los llevó a Roma. Pablo se quedó en una casa mientras aguardaba que el emperador de Roma lo llamara a la corte para juzgarlo. Muchas personas en Roma habían oído hablar de Pablo. Pablo mantenía su puerta siempre abierta e invitaba a amigos y extraños para oír acerca de Jesús. Su casa se convirtió en un conocido lugar de reunión para los seguidores de Jesús.

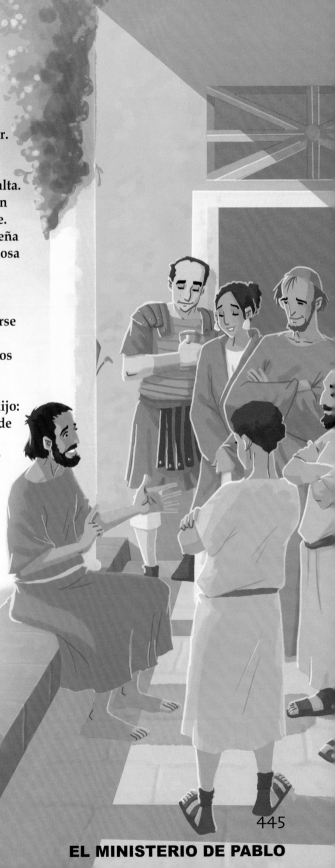

445

«Jesús tomó los cinco panes y los dos pescados,
miró al cielo y dio gracias a Dios. Después
partió los panes y se los dio a los discípulos,
para que ellos los repartieran a la gente».

Mateo 14:19

«Algunos ciegos, y otros que no
podían caminar, se acercaron
a Jesús, y él los sanó».

Mateo 21:14